JN108430

身近な植物を
活かす

はじめての
ドライフラワー

仕立て方の基礎と暮らしに寄り添う
アレンジメント

ドライフラワー工房 yurari
小林みどり 監修

メイツ出版

身近な草花を楽しむ
ドライフラワー

はじめに

　ドライフラワーは、「シャビーシック」というちょっと古めかしくておしゃれなイメージが人気となり、お花屋さんだけでなく、雑貨店などでも扱われるようになっています。

　ドライフラワーは生花とちがって、季節に関係なく一年中、楽しむことができ、水やりや肥料は必要ありません。そして、長い時間をかけて楽しむことができるのが魅力のひとつです。刻々と変化する花材の色合いを味わいながら、時間を愛でる感覚は、ドライフラワーならではの特別なものと言えるでしょう。

　本書では、身近にある草花を使ったり、手に入れやすい花材を使ったドライフラワーのつくり方、アレンジのつくり方を解説しています。鑑賞用としてのドライフラワーの役割が終わった花材は、ハーブとして使用したり、化粧水やサシェ（香り袋）として利用できるクラフトアイテムを紹介しています。ドライフラワーづくりの魅力を体感してみましょう！

この本の使い方

　この本では、ドライフラワーのあらゆる楽しみ方を提案しています。基本的なコンセプトとしては、身近にある草花をドライフラワーにしたり、手に入りやすい花材を使用してアレンジをつくり、鑑賞を楽しむということです。

　まずはドライフラワーの種類や基礎知識を理解し、ドライフラワーのつくり方やアレンジのつくり方に進むと良いでしょう。巻末には、テーマ別の花材リストを掲載しているので、アレンジをつくる際の参考にしてください。

タイトル

　見開きページで紹介する内容やアレンジの POINT がひと目でわかる。必要な道具や材料、花材を用意して取り組む。

アレンジ手順ページ

Point 10　アレン 繊細 花を

花材リストページ

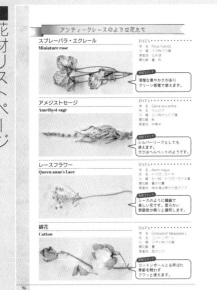

アンティークレースのような花たち

スプレーバラ・エクレール
Miniature rose

DATA
学　名　Rosa hybrids
科　名　バラ科バラ属
分　類　バラ科バラ属
開花期　五分咲
開花期　春　秋

花材コメント
清楚なきやかさがありグリーン感覚で使えます。

アメジストセージ
Amethyst sage

DATA
学　名　Salvia leucantha
科　名　サルビア
分　類　シソ科サルビア属
開花期　秋
原産地　中南米

花材コメント
シルバーリーフとしても使えます。ガクはベルベットのようです。

レースフラワー
Queen anne's Lace

DATA
学　名　Ammi majus
科　名　ヘラオオバコ
分　類　セリ科ドクゼリモドキ属
開花期　晩春
原産地　地中海沿岸から西アジア

花材コメント
レースのように繊細で美しい花です。柔らかい雰囲気が際立ち調和します。

綿花
Cotton

DATA
学　名　Gossypium hirsutum L.
科　名　コットンボール
分　類　アオイ科ワタ属
開花期　夏
原産地　西アジア

花材コメント
コットンボールとも呼ばれ季節を問わずフワッと使えます。

PART 4

アストランティア・マヨール
Astrantia Major

DATA
学　名　Astrantia major
科　名　マスターワート
分　類　セリ科アストランティア属
開花期　春から夏
原産地　ヨーロッパ

花材コメント
綺麗にドライになります。野趣あふれる花です。

ニラバナの種
Allium tuberosum

DATA
学　名　Allium tuberosum
科　名　ヒガンバナ科ネギ属
分　類　ヒガンバナ科ネギ属
開花期　夏から秋
原産地　中国

花材コメント
花のように開くチャーミングな種。小鉢に一本挿すだけでも雰囲気が出ます。

コットンブッシュ
cotton bush

DATA
学　名　Cryptandra scortechinii
科　名　コットンブッシュ
分　類　クロウメモドキ科
開花期　ワイン色
開花期　夏から秋
原産地　南アフリカ

花材コメント
ふわっとした小さな白い花がたくさんつきます。

エーデルワイス
Edelweiss

DATA
学　名　Leontopodium alpinum
科　名　西洋薄雪草
分　類　キク科ウスユキソウ属
開花期　夏
原産地　ユーラシア大陸 高山地帯

花材コメント
アルプスの花で綿毛にくるまれた星の形をした花です。

女性的でエレガント

　女性に人気のバラをメインと白の色味でまとめたバー的な色味が入ったグリれると、柔らかい空気感がミソウが風をまとうようし、フワフワしたパンパス的なユーカリテトラゴナの素材が調和します。

　ブーケづくりで花を入れ

96　　　97　　　48

手順

ドライフラワーのつくり方やアレンジ
の手順を解説している。写真をチェック
しながら順番に作業を進めていく。

ステップ

ドライフラワーを楽しむためのコツを
提示。詳しい知識を身につけることでド
ライフラワーの魅力を知る。

PART 3

ガントな
にまとめる

ファー、ユーカリグニー、ユーカリテトラゴナの実、ユー
ス、パンパスグラス、カスミソウ、スターチス、バラ

マにしたブーケ

畑をイメージすると創作のヒントに。自
レ　生の花畑では、同じ種類の花がまとまっ
入　て咲いています。そのイメージから、ブー
ス　ケも花を散らすよりも一か所や二か所に
出　群生させ、まとまりで入れる方が自然の
質　法則に近くバランスが取りやすいです。
な　　アレンジでは、いろいろなイメージを
　　膨らませて考えながら創ることが大切で
花　す。

メインのバラを中心に一つずつ花材を加える

1

今回のブーケでは淡いピンクのバラを選
択。葉は1枚ついている程度で、2本を
全体の3分の2あたりの所を持って束
ねていく。

2
カスミソウをバラの横にセットする。
レースや風をイメージしたカスミソウ
は、バラに対しどんな向きが良いかなど
位置関係を考える。

3
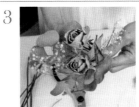
ユーカリの葉を外側から包むように配
置。余分だと思う葉は、適宜カットして
バランスをみながらまとめていく。

4

全体を見ながら、カスミソウやユーカリ
を足していく。花や葉の向き、茎の方向
など自分の描くブーケをイメージしなが
ら整える。

5
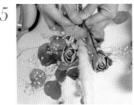
質感を変えてパンパスグラスをバラの後
ろに入れる。2本のバラの高さも高低差
をつけて動きを出す。

6

硬質的なユーカリテトラゴナの実をバラ
の前、足元にセット。硬質的な素材は力
強さを演出する。

49

解説

より美しく、より長持ちさせるための
ドライフラワーについての知識を理解す
る。じっくり読んで、すてきなアレンジ
づくりに役立てる。

プラスワンアドバイス

花材の扱い方やアレンジの手順でポイ
ントになる部分をフォーカスする。知っ
ておくと便利なコツも掲載している。

プラス
+1
アドバイス

CONTENTS

PART 3　ドライフラワーでアレンジ作品をつくる

PART 4　もっと楽しみたい！ドライフラワー

PART 1

ドライ
フラワーの
魅力

ドライフラワーを使った
独創的なアレンジづくり

「Welcome」のプレートがかわい
らしい、この作品はハーブを使った
リースです。ローズマリーのリース
を土台に、柑橘系の香りがあるハー
ブや月桂樹など料理でも使用できる
ハーブをアレンジしています。
　アレンジをつくるときのテーマは
「キッチン」。ケーキやパンの原料と
なる小麦やオクラ、カボチャの実の
ドライフラワーをアクセントに、白
のビンテージレースは白いエプロン
をイメージしています。

たくさんの花材を入れて
華やかにアレンジ

　ゲストをお迎えするようなドアや応接間に飾りたいリース。花材には白を基調とした紫陽花やバラをちりばめ、中央のキングプロテアは目線を引きつけます。アレンジする際は、色味のチョイスも大事な要素です。

　華やかな宮殿をイメージさせるようにアンティークレースや白いオーガンジーで花材を装飾しています。

部屋の雰囲気が変わる
存在感のあるアレンジ

　個性的な花材を使用した花
束のアレンジ。逆さにつるせ
ばスワッグになります。
　「ワイルドフラワー系」と
呼ばれる南アフリカやオース
トラリアを原産とする、これ
らの花材は丈夫で日持ちが良
いのが特徴。日本では見るこ
との少ない花の魅力を感じる
ことができます。
　花の形、枝の流れを生かし
たアレンジは、自然の力を感
じさせ、お部屋の雰囲気を大
きく変えてくれるでしょう。

お花を身につけることで
ココロのテンションをアップ

　　人は花を身につけること
で、自然とテンションがあが
り、ココロもウキウキ楽しい
気持ちになります。生花を
使った花飾りなどがその例で
す。

　　ドライフラワーでは、春を
イメージした身近な草花を
使ってコサージュをアレンジ
しました。古くなったブラウ
スやハンカチなどのハギレを
使って花材を装飾していま
す。帽子だけでなく、ワンピー
スなどにつけても良いでしょ
う。

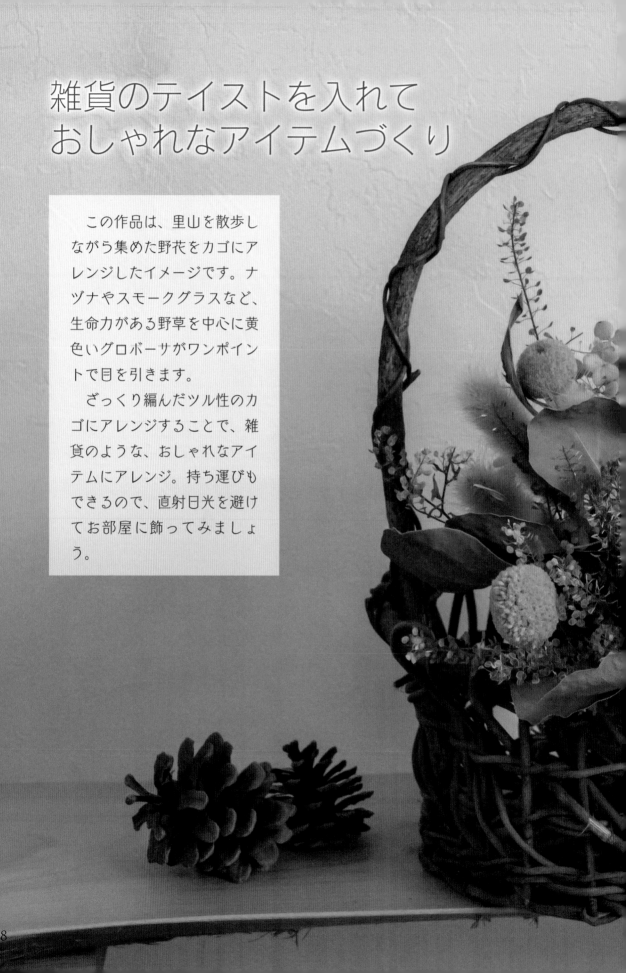

雑貨のテイストを入れて
おしゃれなアイテムづくり

　この作品は、里山を散歩し
ながら集めた野花をカゴにア
レンジしたイメージです。ナ
ヅナやスモークグラスなど、
生命力がある野草を中心に黄
色いグロボーサがワンポイン
トで目を引きます。
　ざっくり編んだツル性のカ
ゴにアレンジすることで、雑
貨のような、おしゃれなアイ
テムにアレンジ。持ち運びも
できるので、直射日光を避け
てお部屋に飾ってみましょ
う。

ドライフラワーづくりに必要な道具やアイテムを準備する

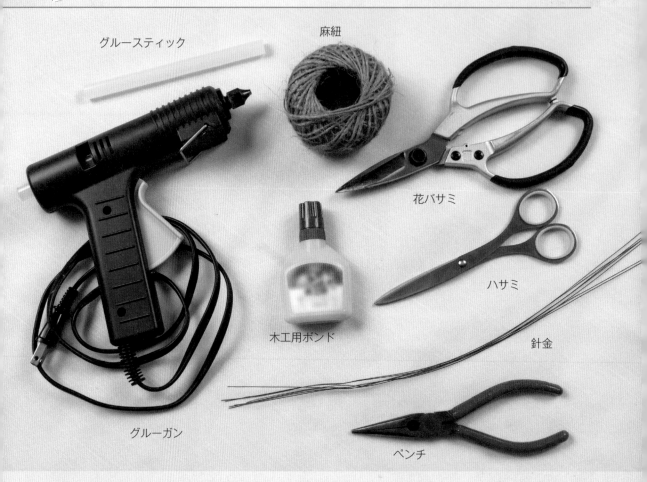

グルースティック

麻紐

花バサミ

ハサミ

木工用ボンド

針金

グルーガン

ペンチ

用意するアイテムを絞って手軽にスタートする

ドライフラワーをはじめるにあたっては、できるだけ必要な道具を最小限にとどめてスタートする方が良いでしょう。「ドライフラワーづくり」は、大きくわけてふたつのクラフト要素があります。

ひとつ目は生花をドライフラワーにする過程。これには生花を切るハサミ、切った草花をドライフラワーにするために吊るす麻紐などが必要です。

もうひとつは、ドライフラワーをアレンジする過程。こちらについては、つくるアレンジによって装飾するための材料を加工したり、接着するアイテムが必要です。

本書の場合、最初は簡単なアレンジから紹介しています。木工用ボンドやペンチ、針金、グルーガン（百均ショップなどで購入）を用意するだけでスタートできます。

PART 2

身近な草花で
ドライフラワー
づくり

Point 01
花材選びやアレンジ、鑑賞などでドライフラワーを楽しむ

枯れてしまう前にカットして、ドライフラワーの花材にする。その過程でも花として鑑賞できるのはドライフラワーの魅力。

自然のサイクルを感じながら花を愛でる

生花では、花が咲き枯れてしまうと観賞用としての役目は終わってしまいます。しかし、ドライフラワーにすることにより、花を愛でる時間を伸ばし楽しむことができます。これには「自然のサイクル」が大きく関わっています。

まずは「生花からのドライフラワーづくり」が入口となり、アレンジをつくる前段階での花材選びが楽しめます。さらに花材を活かしたアレンジづくり、つくったアレンジを飾る、鑑賞する楽しさもドライフラワーならではの魅力と言えるでしょう。

アレンジとしてある程度の月日を経過したら、料理や芳香など実用的な使い方もできるのが特徴です。使えない花や葉は土に返すことで自然のリサイクルが生まれるのです。

STEP 1

花材選びから
ドライフラワーを楽しむ

　ドライフラワーには、自分で育てた草花をドライフラワーにする方法と、生花店や雑貨屋で購入する方法があります。生花の場合、ドライフラワーに適する花材とそうでないものがあるので、最初はお店でドライフラワーを購入する方が良いでしょう。

STEP 2

オリジナルな発想を生かして
アレンジをつくる

　ドライフラワーのアレンジづくりは、クラフト要素が楽しめるプロセスです。頭に浮かんだイメージを具体化し、作品に仕上げていきます。最初から難しいものにチャレンジするのではなく、シンプルに好きな色、好きな花を取り入れてオリジナルな作品にアレンジしてみましょう。

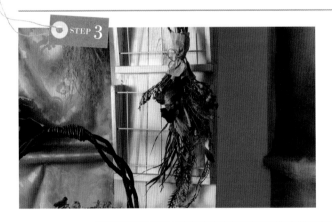

STEP 3

お家にアレンジを飾って
鑑賞を楽しむ

　つくったアレンジは、お家の空間に飾ることで観賞用としても楽しむことができます。どこに、どんな方法で飾るかはアレンジ次第。最初から飾られるイメージを持って作品づくりに取り組むことができると、調和のとれた素晴らしいアレンジに仕上げることができるでしょう。

プラス
+1
アドバイス

ドライフラワーの役目が
終わったら土に返す

アレンジとして一定の期間を経たら花材は土に返します。これはドライフラワーをつくる過程で薬品を一切、使用していないためにできるのです。花材によってはハーブとして料理や芳香剤として利用し、有効活用しましょう。

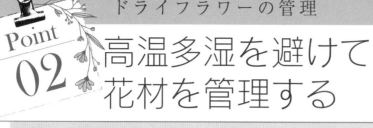

高温多湿を避けて
花材を管理する

グニーユーカリ

ユーカリポポラス

ベルガモット

コニファー

同じ葉系でもユーカリポポラスとレモンリーフでは、緑の色合いが違い、経年変化した色味も変わる。

グリーンボール

レモンリーフ

適正な状態を保ち
ドライフラワーを長持ちさせる

　ドライフラワーを扱う上で注意したいのが、高温多湿を避けることです。特に日本の6〜8月の気候は、湿気が多くドライフラワーに適していません。室内に除湿機を置いて、湿度をある程度コントロールすることがポイントです。

　またアレンジにして飾る際は、紫外線を避けましょう。窓際に吊るして直射日光に当たってしまうと、ドライフラワーはあっという間に劣化してしまいます。

　ドライフラワーの状態を見極める点で、目安となるのが花や葉の色味。茶色味がかったらサインといえるでしょう。

身近にある草花の
ドライフラワーを使う

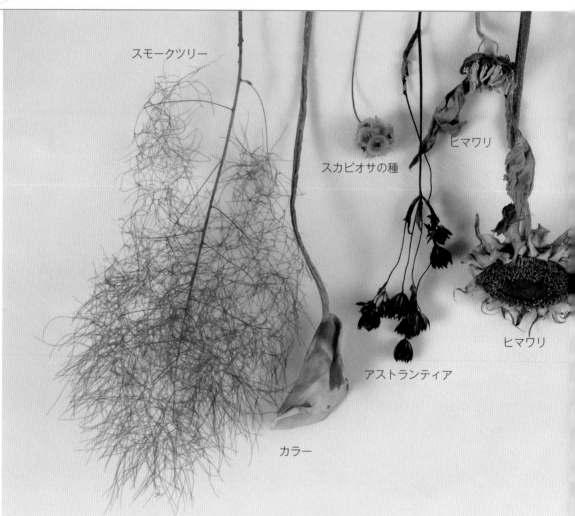

スモークツリー

スカピオサの種

ヒマワリ

ヒマワリ

アストランティア

カラー

手に入れやすい草花をドライフラワーにする

ドライフラワーで最もポピュラーな花材が「野花系」のジャンルです。ヒマワリやアジサイなど季節を感じさせる身近な草花たちで、古くから日本で親しまれています。

ドライフラワーづくりをはじめる人にとっては、適した花材と言えるでしょう。比較的、手に入りやすいのもメリットのひとつ。生花からドライフラワーにするときは、バラやスターチス、カスミ草などがおすすめ。湿度を管理し、紫外線を避ければ3〜6ヶ月程度は、良い状態をキープすることができます。

アレンジする際は、それぞれの花の色味や特徴を考えた組み合わせにすることで、調和のとれた作品に仕上がります。

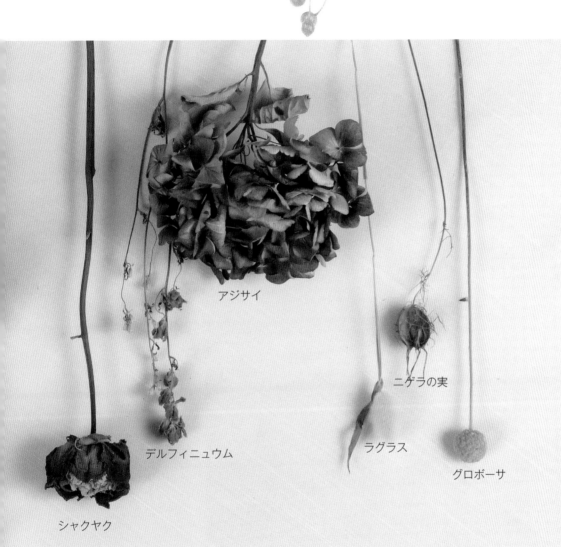

アジサイ

ニゲラの実

デルフィニュウム

ラグラス

グロボーサ

シャクヤク

プラス
+1
アドバイス

ドライフラワーを育てる
ところからスタート

ドライフラワーを「育てるところからはじめたい」
という人にとっては、このページで紹介している野
花系は、取り組みやすい品種と言えるでしょう。な
かには菜の花やチューリップなど、ポピュラーでも
ドライフラワーに適さない花もあります。生花を購
入してドライフラワーにする際は、注意しましょう。

Point 04 ワイルド系のドライフラワーで存在感をアップする

キングプロテア

プロテアニオベ

バンクシア

個性的な花材を使って独創的なアレンジをつくる

南アフリカやオーストラリア原産の草花をドライフラワーにしたのが「ワイルド系」のジャンルです。アレンジで使用する場合は、花材として店で購入することがメインですが、最近では、国内でも苗木を購入できるようになっています。

どれもが見た目がとても個性的であり、茎や葉、花が硬質化して、とても丈夫なのが特徴です。野花系ほど管理に神経質にならなくても、5〜10年程度は良い状態をキープできるのが扱いやすい点と言えるでしょう。

アレンジにおいては、見る人にインパクトを与えるキングプロテアやバンクシアなど、ほかの花材に合わせるときには、リューカデンドロンなどがあります。

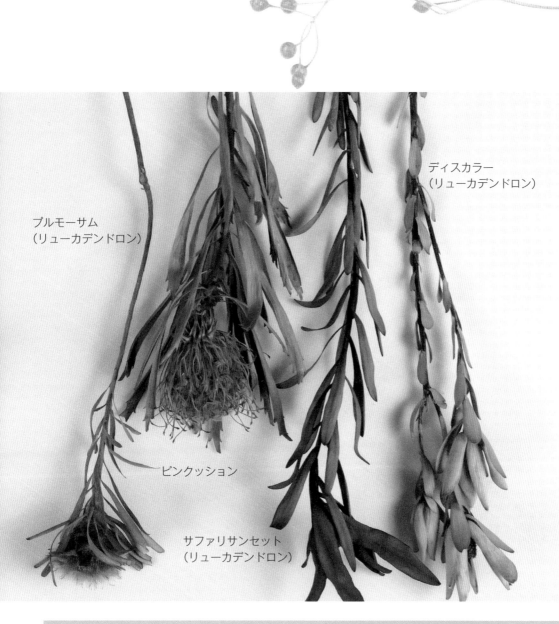

プルモーサム
(リューカデンドロン)

ディスカラー
(リューカデンドロン)

ピンクッション

サファリサンセット
(リューカデンドロン)

自然のパワーを 感じさせる花材

ワイルド系は、とても特徴的な花の大きさや茎・葉のフォルムに愛好家のファンが多い花材です。花材として硬い質感なので、アレンジに使用しても丈夫で長く楽しむことができます。野花系の花材と合わせることもアレンジの引き出しとなります。特に花は目を引く、アイコンの役割にもなるので効果的に使用しましょう。

Point 05 ハーブの持つ香りを 楽しみながら飾る

レモンユーカリ

野バラの実

ゲットウの実

ユーカリテトラゴナ

ハーブの持つ自然の力をアレンジに活用する

ハーブ系のドライフラワーは目だけでなく、香りも楽しめる花材です。生活のなかにドライフラワーのアレンジを取り入れようとしたとき、ハーブの持つ自然のパワーは大きな力を発揮します。

アレンジなどで観賞用のドライフラワーとして役目を終えた後は、ローズマリーやローリエは料理に、ベルガモットやレモンユーカ

リは、化粧水や香り袋などのアロマとして活用できます。

状態としては、野花系のドライフラワーと同じく3〜6ヶ月が目安。色が悪くなった花材から料理やアロマに使うことがポイント。ビジュアルとしては、大きな花のように、主役として目を引くものではありませんが、脇役として地味に輝く花材と言えます。

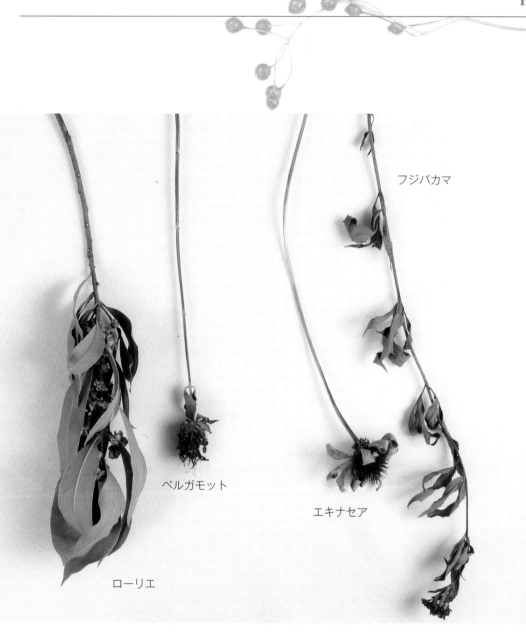

フジバカマ

ベルガモット

エキナセア

ローリエ

プラス
+1
アドバイス

ハーブの香りの
変化を楽しむ

　ハーブはフレッシュ過ぎても匂わない、ドライ過ぎても匂わないのが特徴です。草花の成長を愛でる感覚で「香りの変化」を楽しんでみましょう。料理での活用はもちろん、アロマでの効果はメンタルに好影響を与えてくれます。日常のなかでハーブを取り入れることで、より豊かな生活を楽しむことができるでしょう。

Point 06 かわいらしい木の実を アレンジのアクセントにする

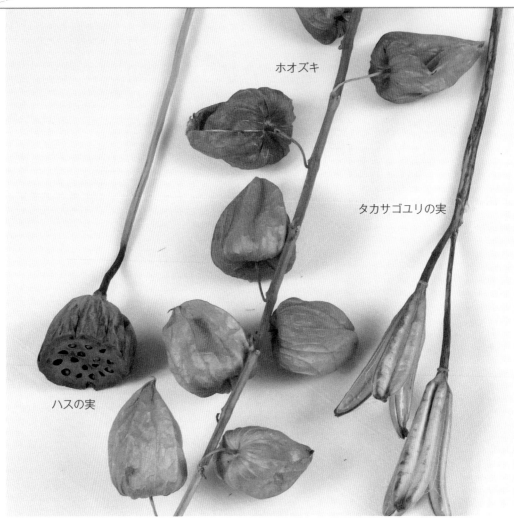

ホオズキ

タカサゴユリの実

ハスの実

トレッキング感覚で集めた木の実をアレンジに使う

木の実系のドライフラワーは、アレンジにおいてアクセントになる花材です。植物が実をなす季節である「秋」を連想させたり、かわいらしい形状そのものがアレンジ全体のイメージをアップさせてくれます。

トレッキング感覚で木の実を集めたアレンジをつくってみても良いでしょう。秋の自然を満喫できる作品に仕上がるかもしれ

ません。

ハスやホオズキなどの原形がはっきりわかるものや存在感のあるカボチャ、かわいらしいヒオウギなど多種多彩な木の実系のドライフラワーたち。これらは花材として使用するだけでなく、単体で瓶に入れて楽しむなどアイデア次第ではアレンジの幅が広がる花材と言えるでしょう。

桐の実

カボチャ

ツバキの実

シャクナゲの種

ヒオウギ

プラス +1 アドバイス

木の実のなかの
虫に注意する

　木の実系のドライフラワーは、何年でも持つことが特徴です。直射日光を受けても劣化しにくいです。フレッシュな状態からドライフラワーにする技術は、カボチャのみ難易度高め。他はそのままでドライフラワーになります。購入したドライフラワーのなかに虫がいるときは、日光に当てて虫を取り除いてからアレンジしましょう。

Point 07

自分で育てた生花でドライフラワーをつくる

生花からドライフラワーにする場合は身近にある花からチャレンジしてみると良いでしょう。P36で紹介しているエキナセアは、撮影時（8月）に咲いていたものをドライフラワーにする手順を紹介しています。

ドライフラワーづくりに適したタイミングで着手する

ドライフラワーづくりの醍醐味のひとつに、「自分で育てた生花をドライフラワーにする」という要素があります。ここでは花材である生花を育てる環境について考えてみます。

草花を育てる環境には、お家の庭やベランダのプランター、畑などさまざまですが、どこで育てても自分が愛でている草花なので、愛着あるドライフラワーになるでしょう。

ドライフラワーづくりに適したタイミングとしては、花として6～7分咲きの状態が目安。ツボミや満開の状態ではうまくドライフラワーにはならないので注意しましょう。

ベストなタイミングでドライフラワーづくりに着手できるよう見極めていきましょう。

STEP 1

ドライフワラーで使いやすい
カットの仕方とは

生花からドライフラワーにするときは、花芽を残してカットすることがポイント。継続して草花を生育するためには、とても大切なことです。カットするときは、できるだけ茎を長くとり、アレンジする際の使い勝手を考えます。葉はできるだけ落とし、お好みで1～2枚残しても良いでしょう。

STEP 2

ライフスタイルにあった
草花を生育する

植物を育てる環境に条件はありません。お家の庭はもちろん、ベランダのプランター、郊外にある貸農園を利用しても良いでしょう。草花は気候や環境によって生育が変わります。草花の個性や季節に応じつつ、自分のライフスタイルにあった生花の育て方で取り組みましょう。

プラス
+1
アドバイス

自然に群生する
草花を花材に

「ドライフラワーづくり」だからと言って、身構える必要はありません。自然のなかでは採集することが可能なエリアもあります。自然に群生する野花・草花は生命力が満ち溢れる恰好の花材です。管理されているような公園や施設の草花でなく、河川敷や野山から花材探しをしてみることも楽しみと言えるでしょう。

Point 08 エキナセアを吊るして ドライフラワーに

用意するのはエキナセアの生花と麻紐、
ハサミ、輪ゴム、ピンチ、S字フック。

湿度を 40 ～ 50％に保ち、1 週間程度干す

人は健康に過ごすには60％の湿度が最適といわれます。ドライフラワーを管理するには、それよりもやや低めが現実的。

生花をカットするときは、タイミングがポイントです。一般的には咲き終わる前の6分、または7分～8分咲きの頃にカットして乾かすと、色味などが良い仕上がりになります。バラは5分～6分咲き、エキナセアは枯れる寸前が目安。カットのタイミングが違うと、うまくできあがらないこともありますが、好みの風合いもあるので自分の好きな状態でカットするのも良いでしょう。

乾燥させる場所は紫外線のあたらない室内で、湿度が30～40％程度が適しています。この環境でエキナセアなど野に咲く花は1週間程度干すだけで完成。一般的な花は3日程度、バラは10日、ヒマワリは1か月程度。触って水分が抜けていると感じればドライフラワーの完成です。

咲き終わる直前のエキナセアを切り取る

1 エキナセアはできるだけ咲かせて、枯れる寸前でカットするときれいなドライフラワーになる。カットのタイミングは花によって異なる。

2 カットするときは、使う長さよりも長めに切ること。ある程度の茎の長さを確保しておく。花をカットするときは、次の花が咲くようにできるだけ花芽を切らないで残しておく。花芽の上からカットする。

3 葉がついていないほうがきれいなドライフラワーに仕上がるので、できるだけ葉はカット。好みやアレンジで必要なら、残しておくのも OK。

4 葉をカットするときは、片手でもちながら茎のラインや花びらの形状なども含めて、全体のバランスをみながらカットしていく。

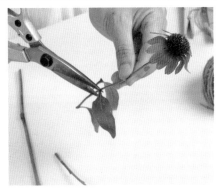

5 長さが短いものや下に葉がついている場合は、すべての葉をカットする。

6 葉は一枚一枚丁寧に落としていく。葉をとった後の出っ張りもきれいにすると、できあがりに差がでる。

STEP! 　**季節や花の種類によってドライフラワーになる日数は異なる。**

麻紐とクリップで真っすぐに吊るす

7

必要な長さに切った麻紐を用意する。麻紐にクリップをはさんで通す。

8

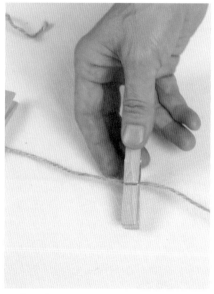

1個目を配置したら、間隔をあけて2個目、3個目を通していく。

9

クリップの配置が終わったら、茎を持ちながら花の根元をクリップにしっかりとはさんで固定する。

10

クリップに花をはさむときは、斜めになったり曲がったりしないよう、まっすぐ下を向くようにはさむ。

吊るして乾かすだけで "アレンジ" になる

11

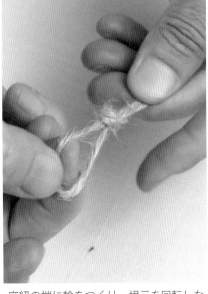

すべての花をクリップにとめたら、適度
な間隔があいているか、花はしっかりと
下に向いているかを確認する。

12

麻紐の端に輪をつくり、根元を回転しな
がら結んでループをつくる。麻紐の両端
にループができれば、壁などに引っ掛け
ることができる。

13

麻紐の両端のループ
を引っ掛けて、花を
つるして乾かす。は
ずれて落ちないよう
にきちんと固定。乾
燥するまでの間も装
飾になる。

ゴムで巻いて二輪を同時に吊るす

1

複数をまとめて乾燥させる場合は、花が重ならないように茎をずらしてセットする。花が重なると花びらが曲がってしまうことがある。

2
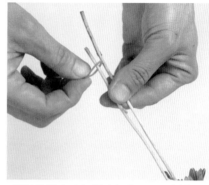

茎は乾燥すると細くなるので、麻紐ではなくゴムで茎を束ねる。

3

1本の茎に輪ゴムを通した後、2本の茎を束ねるように輪ゴムをグルグルと巻いていく。

4

3〜4回程度輪ゴムを巻き付けたら、最後は1本の茎に引っ掛けるようにしてとめる。

5

輪ゴムを巻くときは、間隔をあけてまとまらないようにする。

6
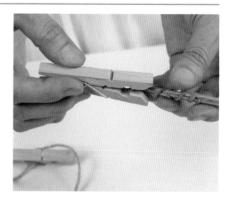

輪ゴムを巻いたら、根元をクリップではさみ、花がまっすぐ下を向くようにして吊るす。

庭に植えたヘデラで
リースをつくる

乾燥前のヘデラ

乾燥後のヘデラ

ドライフラワーづくりの基本を身近にあるヘデラで体験

リースはアレンジの土台でも使用できるベーシックなドライフラワー。ヘデラは一年中葉をつけ、育てやすいのでとても人気があります。リースをつくるときは、太くて長い茎を選びカット。脇から茎がたくさん出ていれば、ボリューム感アップにつながります。

作り方は太い茎を輪にして、その輪に細い茎を巻き付けるようにグルグルと巻きつけていきます。飛び出している茎や太い茎の端も輪に引っ掛けるように入れ込んで、丸い形を形成。巻きつけていくだけで、道具は何も使いません。少しずつ両手で力を加えながら自分好みの形にしていきましょう。

巻き終えたら、十分に乾燥させます。10日〜1ヵ月程度でドライの状態に。水分が抜けると茎がしっかりとからみあい、ギュッと引き締まります。

ヘデラの太い茎を中心に輪をつくる

1

日光を浴びて緑が鮮やかに生長したヘデラは、しっかりとしたリースにまとまる。

2

リースにするので、太めに長く伸びた茎を選び、余裕をもった長さでカットする。

3

太い茎を中心にリースをつくる。脇から出ている小さな茎はそのままいかすのでカットしない。

4

太い茎の端と端を持って輪にしていく。横から出ている茎はそのまま気にせず、太い茎を丸い形にする。

5

太い茎の真ん中あたりで輪をつくり、両端を輪にクルクルと巻きつけ、丸い形に整えていく。

6

横から出ている茎も太い茎に巻きつけながら、輪を形成していく。茎を重ねて束ねるように太い茎へ巻き込んでいく。

茎を巻き付けながら丸い形にする

7

輪になった太い茎に巻きつけるときは、後ろ側からグルグルと巻き込む。

8

残ってとびだしている茎や端の茎は、輪に引っ掛けるように巻きつける。

9

すべての茎を巻き付けたら、両手で力を加えながら好みの形に整える。

10

裏側から見ると、太い茎が丸い形になっていることがわかる。

11

壁にかけたり、吊るしたりして、よく乾燥させる。

ローズマリーのリース

ハーブの花材で香りも楽しめる

アレンジのベースになるハーブのリース

爽やかな香りがするハーブのローズマリーは、ある程度の長さがあればヘデラと同じようにくるっと巻くだけでリースが簡単にできます。

丸い形に仕上げてみると、ヘデラとは違った繊細な趣があり、飾り付ける花材選びにも様々なものを考えたくなるでしょう。そのままの状態で、キャンドルスタンドの装飾にしても味わいがあります。シソ科の芳香植物でお料理のスパイスにも使われるので、アレンジの鑑賞が終わったら、調味料に使ってみるなどリユースもできます。

リースを作るためには、ある程度の長さにカット。

キャンドルの飾りやアレンジのベースになる。

太い茎で輪をつくり、横に出ている茎を巻き込みながら形をつくっていく。

PART 3

ドライフラワーで
アレンジ作品を
つくる

アレンジ①

繊細でエレガントな
ブーケをつくる

淡いピンクのバラに
カスミソウをレースに見立てて巻きつけた
優美なブーケはいかがでしょう。
ユーカリの白い実からは、自然の生命力を。
シルバーグリーンのコニファーと
グリーンのユーカリで緑のグラデーションが
花束に深みを持たせます。
ふわっとした小さなパンパスグラスを添えれば
自然と優しさもプラスされます。

Point 10 繊細でエレガントな花をブーケにまとめる

左からコニファー、ユーカリグニー、ユーカリテトラゴナの実、ユーカリポポラス、パンパスグラス、カスミソウ、スターチス、バラ

女性的でエレガントさをテーマにしたブーケ

女性に人気のバラをメインに、グリーンと白の色味でまとめたブーケ。シルバー的な色味が入ったグリーンを取り入れると、柔らかい空気感が出ます。カスミソウが風をまとうような雰囲気を出し、フワフワしたパンパスグラスと硬質的なユーカリテトラゴナの実の対照的な素材が調和します。

ブーケづくりで花を入れるときは、花畑をイメージすると創作のヒントに。自生の花畑では、同じ種類の花がまとまって咲いています。そのイメージから、ブーケも花を散らすよりも一か所や二か所に群生させ、まとまりで入れる方が自然の法則に近くバランスが取りやすいです。

アレンジでは、いろいろなイメージを膨らませて考えながら創ることが大切です。

メインのバラを中心に一つずつ花材を加える

1

今回のブーケでは淡いピンクのバラを選択。葉は1枚ついている程度で、2本を全体の3分の2あたりの所を持って束ねていく。

2

カスミソウをバラの横にセットする。レースや風をイメージしたカスミソウは、バラに対しどんな向きが良いかなど位置関係を考える。

3

ユーカリの葉を外側から包むように配置。余分だと思う葉は、適宜カットしてバランスをみながらまとめていく。

4

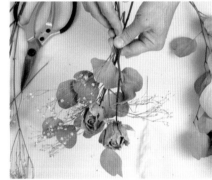

全体を見ながら、カスミソウやユーカリを足していく。花や葉の向き、茎の方向など自分の描くブーケをイメージしながら整える。

5

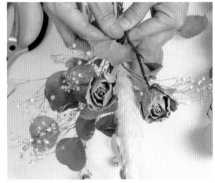

質感を変えてパンパスグラスをバラの後ろに入れる。2本のバラの高さも高低差をつけて動きを出す。

6

硬質的なユーカリテトラゴナの実をバラの前、足元にセット。硬質的な素材は力強さを演出する。

ユーカリの葉で花を包むように束ねる

7

アースカラーのスターチスを、バラの根元に低く加える。同じ白色でも柔らかさがあり、優美なイメージがアップ。

8

反対側の後方にスターチスを2本入れる。同種の花を斜めに高低差をつけて入れることでバランスがとれる。

9

ユーカリの葉を周囲にプラス。バラやカスミソウは繊細で散りやすいので、大きくてしっかりした葉で囲むと、花がこぼれ落ちるのをガードできる。

10

ブーケの前方にも、短めのユーカリの葉を入れる。カスミソウやスターチスをガードするように配置する。

11

ある程度バランスが整ったらいったん仮どめをするので、束ねている手元をしっかりと固定し、麻紐を用意する。

12

麻紐を2〜3回まく。大きいブーケほど、完成前にある程度のところで仮どめが必要になる。これは重なった花が動いてずれないようにするため。

まとまりで仮どめして麻紐で固定する

13

束に麻紐を巻いて必要な長さにカットしたら、麻紐をギュッとしっかり結ぶ。固定された花がずれないことをチェック。

14
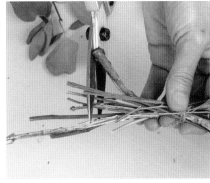

ブーケの持ち手部分を確認し、余分な長さをカットして揃える。

15

仮どめをした後は、仕上げの工程に入る。ボリュームアップにカスミソウやスターチスを前方へ加える。

16

コニファーはブーケに合わせて長さをカットし、持ち手の部分の葉は切っておく。

17

カットしたコニファーを束の片側に入れる。ユーカリの外側から入れて、全体を引き締める感じにしていく。

18

コニファーは個性的にカーブした茎もある。その形を生かして組み合わせると全体に動きが出てくる。

すべての花を入れ終えたら全体の形をチェック

19

反対側にもコニファーを入れて、花束のベースにしていく。土台がしっかりとでき、まとまってくる。全体を見ながらバランスの確認をする。

20

形が完成したら麻紐でとめていく。二重に巻きつけ、花が動かないように引っ張り、麻紐と花をなじませるようにすると強く固定できる。

21

麻紐を強く引っ張た後は、ある程度、固定されているので、そこで一回結ぶ。

22

二回目も結び、玉結びにする。麻紐と結び目は持ち手の上部に位置させる。

23

余分な麻紐の部分をカットする。

24

持ち手部分を切り揃える。曲がっている茎があれば、その部分もカットして持ちやすいようにする。

レースリボンを巻いてエレガントなブーケが完成

25

カットし終えて残った花や葉は、香り袋などに再利用できる（※ P87 ～参照）。残った素材も工夫次第でリユース。

26

持ち手部分にレースのリボンを巻いていく。今回使用しているリボンは、カーテン生地をカットしたもの。切りっぱなしで良い。ほつれてくる糸は外す。

27

リボンを結ぶので、左右同じぐらいの長さにしておく。綿や麻などの素材は味わいのあるリボンができ、花にもなじむ。

28

リボンは持ち手部分に幅広く巻いた後、細くして紐のような状態にして巻き、しっかりと結ぶ。

29

花束に影響しないよう、丁寧にリボンを蝶結びにし、形を整える。

30

全体のバランスを確認して完成。花嫁さんが持っても似合う、エレガントなブーケになる。

アレンジ②

個性的な
ワイルドフラワーの
スワッグをつくる

個性的なワイルドフラワーを使って
植物の不思議を味わいませんか。
バンクシアやハスの実、グレビレア、
シルバーブルニア。
ひとつひとつが面白い顔をしているので
全部が主役。
自然のミステリアスさと
何かを伝えようとしている
メッセージ性を感じながら
楽しく作りましょう。

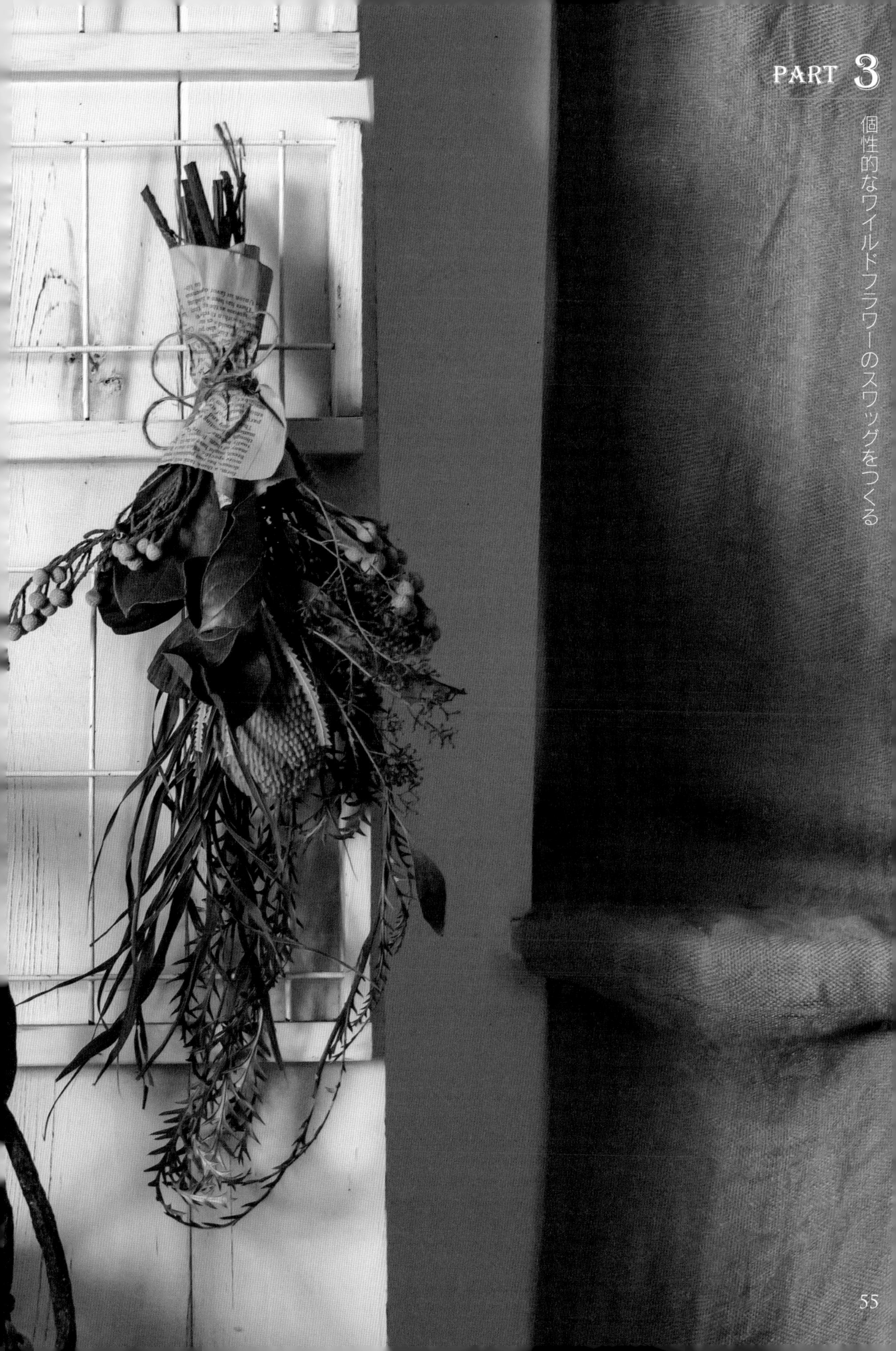

PART 3

個性的なワイルドフラワーのスワッグをつくる

Point 11

個性的な花材を使って
不思議の世界へタイムスリップ

左からシルバーブルニア、グレビレア、アレカヤシ、レモンリーフ、ユーカリポポラスの実、ハスの実、バンクシア

時間の重みや大地の強さを感じるドライフラワーの世界

花材に使うバンクシアやグレビレアなどワイルド系のドライフラワー（ワイルドフラワー）は、個性的なフォルムが特徴です。今回のアレンジは独自性のある花材を使って、スワッグで表現していきます。

硬質的なテーマのスワッグなので、色味はグリーンとブラウンでまとめ、機械的なイメージの形状の花材を選びます。

ワイルド系のドライフラワーは、月日の経過といった時間の重みや野性味あふれる大地の力強さが感じられます。さらに、英字新聞を経年したように加工し、リボン代わりに使うことでアンティークさもプラスされます。ひと味違ったオリジナリティあふれる作品に仕上げていきましょう。

大ぶりな素材を中心に配置し、まわりに小ぶりなものを加える

1

最初に、中心になるバンクシアを手に取る。中心になる素材の周囲に、どんな世界をつくるかをイメージする。

2

ハスの実をバンクシアに添え、2本の高さや向きを変えてバランスをとる。ハスの実の濃色は、しまった感じを演出する。

3

経年変化してこげ茶色になったレモンリーフの葉を入れる。ハスの実の反対側へ配置しフォルムの対照的な面白さをみせる。

4

ユーカリポポラスの実を後ろに入れる。大ぶりな形の素材を束ねた後、小ぶりなポポラスの実を入れることで全体に調和する。

5
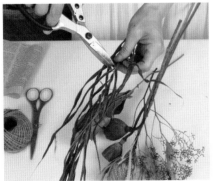

アレカヤシは丈が長いので、使う長さにカットする。切るときは、茎の途中からカットすると、2本の素材として利用できる。

6

茎をカットする部分は、使う長さに応じた葉の根元を目安に切る。

STEP! **スワッグとは花束を壁に掛けて楽しむこと。天地が逆さまになった感覚でドライフラワーを眺めると、いつもとは違った植物の世界を発見できるかもしれません。**

ブラウン系にグリーン系の色をプラスする

7

1本のヤシをカットした状態。花材を分けることで、2本の素材として使うことができる。

8

2本のヤシを後ろへ左右に広がるように束ねる。茶系の色味にグリーンがプラスされる。ある程度まとまったので、仮どめをする

9

麻紐を2重に巻き花と麻紐を指先で馴染ませるように、紐を引っ張る。しっかり固定する。二重に結び、両端の余分な部分はカットする。

10

持ち手の長い茎の部分をカットし、長さを揃える。

11

グレビレアを入れて、丈の長さを出していく。枝ぶりや葉の形が力強い雰囲気なので全体の印象が変わる。

12

特徴的にカーブしたシルバーブルニア。それぞれの花材の持つ特性を生かして、入れる場所を考える。

束ねる花材たちの最終形を決める

13

仮どめで固定した束を持ちシルバーブルニアをどこに入れるか、色々な所へあてて様子をみる。場所や方向を変えて自分のイメージを膨らませる。

14

2本目のシルバーブルニアを入れる。白系の色味を足して全体のバランスをチェックする。

15

最終形を決めいていく。束ねた形が決まったら麻紐でひとつにまとめる。

16

麻紐を二重に巻き、花束を少し振りながら麻紐を引っ張り、花と紐を馴染ませるイメージ。

17

しっかり固定するように麻紐を結ぶ。

18

2回目の結びをし、2重に結んでとめる。

英字新聞をリボンの代わりに使う

19

シルバーブルニアの茎を切り、他と長さを切り揃える。ワイルド系の花材は茎が太くなるので、カットする時には気を付ける。

20

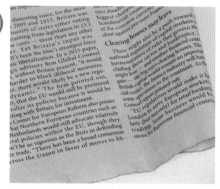

リボンの代わりに英字新聞を使う。ひと味違った趣が出る。（P77 参照。）

21

持ち手部分をくるむように、飾りの役割にもなる英字新聞を巻いていく。アンティークな風合いも出てくる。

22

英字新聞を巻く場所は、麻紐で束ねたところを中心に、ドライフラワーの茎部分を覆うようにぐるりと一周させる。

23

英字新聞を一周させたら、真ん中部分を麻紐で結ぶ。紐はリボン結びをするので長めに切っておく。

24

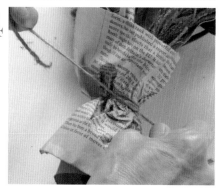

麻紐を2周巻いて力強く引っ張り、しっかり結ぶ。

吊るすためのループをつくる

25

麻紐をリボン結びにする。結び目は正面を向いていなくても OK。正面よりも少し横斜めに向いている方が雰囲気が出る。

26

スワッグなので、吊るすためのループをつける。麻紐を巻いて飾りたい位置の真後ろにループができるように調整する。

27

ループをつくる場所で、麻紐を動かないようにしっかりと玉結びで結ぶ。

28

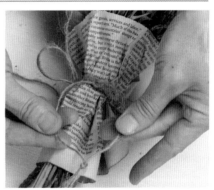

持ち手の近くでしっかりと結んだ後、麻紐の両端を結んで輪をつくる。

29

吊るしたときに麻紐がはずれないか、ドライフラワーをきちんと保持できているか、飾ったときのバランスや見栄えなども確認する。

30

ワイルド系の花材を使ったスワッグが完成。硬質的なイメージも感じさせるドライフラワーになる。

アレンジ③

かわいらしい
小さなリースをつくる

ヘデラをクルクル巻いた小さなリースに
妖精が持つような
小さな花束をあしらえば
愛うしくキュートな世界に。
リースの美しいウェーブの部分は
見せるように残して
リース台に花束をとめつけます。
懐かしいブラウス生地をリボンに変身させ
思い出と一緒に巻きつけてできあがり。

Point 12 ヘデラのリースを土台にして キュートなリースをつくる

左からグロボーサ、ユーカリグニー、ヘデラ
のリース、ワイヤー、リボン

3種類の花材でシンプルなアレンジをつくる

　直径が約15cmほどの小さなリース。ぐるぐる巻いてドライにしたヘデラのリース（P41参照）は、葉を少し残してみるか、あるいはすべて落としてすっきりさせるか、どちらでも構いません。自分の好みで決めます。

　飾りはグロボーサとユーカリグニーでつくったミニブーケのみ。少しずつ表情を変えた3種類のブーケをつくり、好き

な位置に置いてみましょう。

　ミニブーケはグルーガンや木工用ボンドなどでヘデラにつけます。ここで使用するグルーガンは熱いので、気をつけましょう。今回は着古したブラウスの生地をリボンに使用しています。切りっぱなしで糸がほつれていても趣が出るので構いません。綿の生地は手触りもよく、柔らかいので扱いやすく、やさしい印象も与えます。

小さなリースにミニブーケを添える

1

グロボーサ2本とユーカリグニーを2〜3本束ねて小さなブーケをつくる。

2
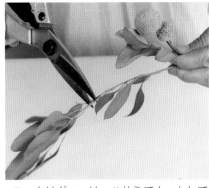
ユーカリグニーは、ハサミでカットして大きさを調整しながらブーケの束に入れていく。

3

まとまってきたら、長く伸びて余分な部分をカットする。

4

花束をまとめる。茎が繊細なので、麻紐ではなく細めのワイヤーを使って巻いていく。ここでは28番や30番の細いワイヤーを使用。

5

茎を優しく持ちながら、束ねた部分をワイヤーでクルクル巻いていく。

6

3周程度巻いたら、2本のワイヤーの先を優しくねじる。強く止める必要はなく、束が動かない程度に固定するイメージ。

繊細なミニブーケをワイヤーで束ねる

7

ワイヤーの余分な部分をペンチで切る。クラフトばさみや花用のはさみでワイヤーを切ると刃がかけてしまうので注意。

8

2本のワイヤー先端は飛び出ているままでは危ないので、始末する。

9

ペンチの先を使って、ワイヤーの先端を茎へ沿うように折り曲げていく。

10

ワイヤーの出っぱりをペンチではさんでつぶす。茎が繊細なので力任せに押しつぶさないようにする。

11

ブーケの茎の長さを切り揃え、余分な長さを切る。

12

ヘデラのリースは全体を見て、好きなラインや見せたい曲線部分をチェックして決める。隠す部分にミニブーケを並べて仮置きしバランスを見る。

小さな3つのブーケをリースにつける

13

置く場所が決まったら固定する。ワイヤー部分にグルーガンを使いグルー（樹脂のボンド）をつける。熱くなっているので気をつけて作業する。

14

グルーをつけたら決めた場所に置き、数秒おさえて固まるのを待つ。樹脂なので短時間で接着できる。

15

今回はミニブーケを重ねるようにまとめて飾るデザインなので、2個目のブーケは1つ目の茎部分を隠すようにグルーをつけて上から重ねて置く。

16

接着は木工用ボンドを使ってもOK。木工用ボンドはグルーガンよりも固まるのに時間がかかる分、場所の移動などやり直しがしやすい。

17

3つのミニブーケをリースにつけたら、リースにつけるリボンを用意。今回は綿のブラウス生地をリユース。好みの長さに細長く切っておく。

18

生地で輪をつくりリボンの形をつくる。蝶結びにしなくてもOK。自分のイマジネーションでリボンをつくる。

ブラウスをリユースしたリボンで飾る

19

輪をつくったら中心をワイヤーで巻く。
強度は必要ないので一重巻きにし、先を
ペンチでカットする。

20

ワイヤーの先端をペンチでまわすように
ねじり、始末をする。

21

ワイヤー部分をつぶして出っぱりを押さ
えておく。出っぱったままにしておくと
ケガをすることもあるので注意。

22

リボンをリースのどの部分に置くか、
ブーケとのバランスなども考えながら置
く位置を確認して決める。

23

置く位置を決めたら、リボンの後ろにグ
ルーをつけてとめていく。

24

3つ目のブーケの根元を隠すように配
置。グルーをつけたら押さえて固定する。

とてもキュートなリースの完成

25

リボンをつけたら、リースの向きを決める。手でリースを回しながら、どの部分を上にするか、ミニブーケとリボンのバランスも考えながら決める。

26

向きを決めたら、上になる部分に吊るすための麻紐をつける。リースに麻紐を一回りさせ巻きつける。

27

麻紐の両端を合わせ、ぎゅっと引っ張る。

28

麻紐を引っ張った後、紐を二回結んで固結びにする。とれないように強く結ぶ。

29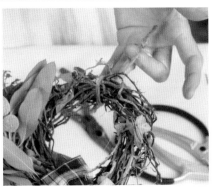

2本の紐の先も結び、引っ掛けられる輪をつくる。リースの後ろ側で輪をつくったほうが壁などに掛けた時に安定しやすくなる。

30

吊るすための輪ができたら、ミニブーケの完成。実際に壁などに掛けてみて、バランスが悪いようであれば微調整する。

> **STEP!** 壁に吊るす他にも、テーブルに置いてリースの中心にキャンドルを入れる、キャンドルスタンドにもできる（P62 写真）。

アレンジ④

草花が連なる
ガーランドをつくる

散歩道で見つけた小さな花
リースを作った時に残ってしまった葉
捨てきれずに部屋の片隅にあった愛らしい花
そんな小さな草花たちを
木製ピンチで麻紐に挟んでいきます。
楽しくなる小物もプラスして
小さなストーリーがつながる風景。
草花と一緒に麻紐がスイングすれば
可憐な雰囲気に心が揺れます。

Welcome

アレンジ④

Point 13
安価な材料を使って おしゃれなガーランドをつくる

上段左からピンチ、麻紐、英字新聞、下段は飾りに使う花材やアイテム。

アイテムを連なるように並べて飾るガーランド

　ガーランドは吊るす紐にワイヤーを使う場合もありますが、今回は麻紐を使います。大きさは自分の飾りたい空間など、自分の好みで麻紐の長さを決めましょう。長いほど色々な飾りがつけられます。飾りのアイテムはアレンジで残った花材や近所で見つけた草花、松ぼっくりなど身のまわりにある様々なものが活用できます。

　飾りをつけるときはグルーガンを使うと簡単に接着します。木工用ボンドは固まるのに時間がかかるのでしっかり固定して乾燥させます。アイテムを束ねるときは、フローラルテープが便利。手で切れて伸縮性があり、引っ張ると接着ノリの成分がでてくっつきます。どれも100円ショップで入手できるので、手軽に揃えて作品づくりを楽しみましょう。

麻紐にループと結び目をつくる

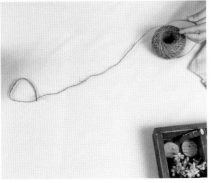

1

麻紐は飾りをつける部分にプラスして、吊り下げるループの部分なども考慮し、長めに切って用意する。

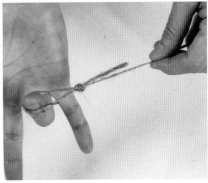

2

上から吊るすタイプのガーランドなので、吊り下げるためのループを片方の端につくる。輪をつくり、輪の根元を結びとめる。

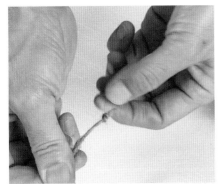

3

麻紐の反対側の端（下になる部分）は、ほつれてこないように一重に結わえた結び目をつくる。

4

上端のループと下端の結び目ができたら、麻紐につける草花や小物を用意する。麻紐に何をどのように並べるか考える。

5

ピンクのライスフラワーと白のシンカルファでブーケをつくる。束ねるときはワイヤーでも良いが、今回はフローラルテープを使う。小さいのでボンドでもOK。

6

フローラルテープは伸縮性があり、花束に巻いた後、引っ張るとしっかりと密着する。手軽に使える便利なグッズ。

飾りのアイテムを一つずつ制作する

7

できたミニブーケを麻紐の上に仮置きする。どの位置にするか、他のどのアイテムとの相性が良さそうかなど考える。

8

アレンジで残った木をのこぎりで適当な長さにカットし、ポスターカラーなどの絵の具で文字をペイントする。

9

できたアイテムを自分のイメージに合わせて、それぞれ仮置きしてみる。重さのあるものはガーランドの下部につける。

10

置く場所が決まったら、小さな木製ピンチで挟んでとめる。ピンチであれば、移動したいと思ったときにすぐに別の場所へ変更ができる。

11

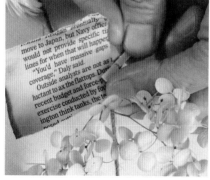

小さくちぎった英字新聞と麻紐を重ねて一緒にピンチではさむ。

12

アレンジで残った小さなカスミソウとバラを束ねたミニブーケをアイテムの一つとしてつくる。

麻紐に飾りをしっかりつける

13

ちぎった英字新聞を束ねた根元に巻きつけてまとめる。ブーケにした形を確認する。

14

即効性のある接着剤のグルーをつけてとめる。

15

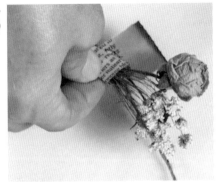

どの場所にどのような向きで配置するかを決める。自分の中のイメージをふくらませる。

16

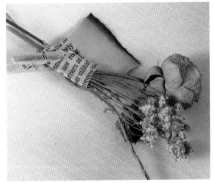

置く場所や向きを決めたら、木製ピンチでとめる。束ねたところをしっかり挟む。

17

ブーケからぽろっと落ちたルリタマアザミも素敵な飾りになる。グルーガンでグルーをしっかりつける。

18

グルーがついた部分を麻紐につける。グルーは接着力が強いので、丸いルリタマアザミは置いただけでもしっかりとまる。

色味や質感なども考え飾りを配置

19

ルリタマアザミが麻紐にきちんと接着しているかチェック。他の飾りとのバランスをみていく。動かしたいときは、ピンチでとめた飾りを移動。

20

木の飾りもグルーガンで接着。切り口を入れ、そこにグルーを付けた方がより安定してつく。木工用ボンドでも1時間程度固定すれば接着できる。

21

麻紐につける部分に、適度な量のグルーをつける。バランスを考え、飾りの中央にグルーをつける。

22

どの位置に置くかを確認したら、グルーがついた部分に麻紐をつける。

23

ある程度飾りをつけたら、全体のバランスを確認する。スペースの空いている部分があれば、飾りをプラスしていく。

24

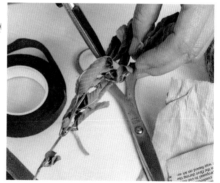

ベルガモットの葉を入れ、グリーンの色味を足す。大きさを考えて必要なところでカットする。

飾りをつけて上から吊るした形をイメージ

25

短く2本にカットしたベルガモットの根元をフローラルテープでまとめる。1本であればテープを巻かずにそのまま麻紐にピンチで挟む。

26

フローラルテープで巻いた茎の部分をピンチではさんでとめる。

27

飾りを全部つけたら、全体の確認をする。ピンチでとめている飾りであれば、移動して調整できる。

28

小さな草花たちが連なったガーランドが完成。余った花材などが形を変えて作品になる。

工夫次第で変わる 飾りのアイテムづくり

英字新聞に薄い濃度のインスタントコーヒーを刷毛で塗り乾かすと、経年した風合いが出て破れにくくなる。

ユーカリの木をノコギリでスライスし、クラフト印鑑を押す。木のぬくもりにおしゃれ感が加わったアイテムになる。

アレンジ⑤

枝や流木で
ハンガーをつくる

公園に落ちていた木の枝

砂浜で拾った流木

庭木を剪定した時に気に入った枝

そんな枝や流木に

小さな釘を打って、両端を麻紐でくくります。

小さな花束や個性的なドライフラワー、

レース、絵葉書など

お気に入りのものを引っ掛けて

私だけの世界を。

Point 14 大海を漂いたどりついた 流木を使ってアレンジ

左から流木、アンティークレース、くぎ、麻紐、バラ、ケイトウ、アンスリウム、バラノムス

花や小物を掛けて飾るオリジナルの流木のハンガー

ハンガーは枝や流木に麻紐をつけてつくります。流木は海岸で遠くから見たときに白く輝いているものが良いでしょう。ツヤがある流木は、硬さもあり虫もついていないので、一日天日に干せば、やすりなどの加工をしなくても素材として使えます。

流木はどこを正面にするか、方向や向き

を考えます。壁に掛けて吊るすので、正面と背面で落ち着くところを考えましょう。

流木に5つクギを打ち、花や小物を掛けます。5か所は等間隔でなくても大丈夫。自分の感覚で決めましょう。掛けるものはポストカードやハンカチ、どんなものでも良いのでアイディアを広げて素材を探しましょう。

流木にクギを打ちつけていく

1

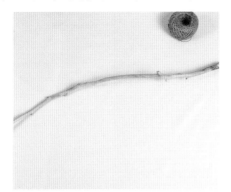

ハンガーとなる流木は、どの向きでどちらを正面にするか考える。吊るして壁に寄りかかる背面と見せたい正面をどうするか決める。流木のバランスも考える。

2

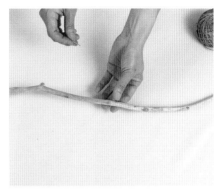

流木に5か所穴をあけてクギを打つので、あらかじめどの位置にするか見当をつけておく。一番最初は中心を決めて真ん中にクギを打つ。

3

クギを打つ前にキリで穴をあけておくと、ズレずに打ちやすい。キリで穴をあけるときは、下に台を置くと良い。少しくぼみがつく程度にあける。

4

小物を掛けるので長めのクギを用意。キリで開けた穴の上にクギを置き、金づちで垂直に叩く。軽いものを掛けるので、ぐらつかない程度に固定。

5

外れずにしっかり固定できているかを確認する。クギが垂直になることで、掛けた小物が落ちないようになる。

6

隣に2本目のクギを打つ前に、キリで穴をあける。5本のクギは等間隔にしなくてもOK。間隔が不揃いであれば、その面白さも出てくる。

クギの向きは同じ方向に揃える

7

キリで穴をあけた後は、金づちで一本目と同様に叩いていく。クギを打つところにあらかじめ印をつけても、感覚的につけていっても OK。

8

クギを打った後は流木を机の上に置き、吊るして壁に沿わせたときと同じ状況にし、必ず同じ方向にクギが向いているかをチェックする。

9

2本目の隣に3本目のクギを入れるための穴をキリであける。

10

3本目のクギを金づちで叩いて入れる。

11

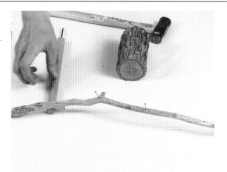

クギを打ったら必ず机の上に置いて確認。クギの向きがバラバラになると、花や小物がかけにくくなってしまう。

12

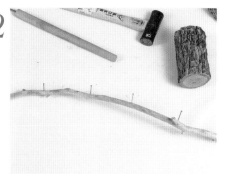

5本のクギをやや上向きに入れる。最後にもう一度クギの向きが揃っているか、しっかり入っているかを確認する。

両端に麻紐を結びつけハンガー完成

13

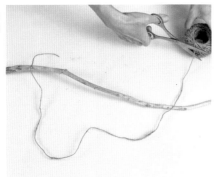

両端に麻紐をつける。麻紐の長さは、吊るす分に加えて結びつける分も考えて長さを決める。自分の好きな長さに切って用意する。

14

一番端のクギに麻紐を巻きつける。

15

クギをはさむように一重に巻く。

16

一重に巻いた後、二重に結ぶ。

17

クギを挟むように、周囲に麻紐を巻きつけて結ぶ。

18

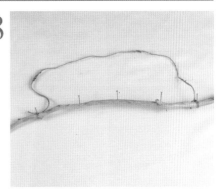

反対側の端のクギにも同じように麻紐を巻いて結びつけ、吊るす準備が整う。結び目はクギの後ろ、流木の背面側で正面から見えない様にする。

花の配置をレイアウトする

19

流木のハンガーに掛ける花材や小物を5
点用意する。色や形など吊るしたときの
バランスをイメージして素材を揃える。

20

どんな風にレイアウトするか、配置を考
えて仮置きする。長さや質感などバラン
スはすべて自分の好みで楽しみながら考
える。

21

仮置きしたときに長いと感じるものがあ
ればカットする。遠くからバランスを見
て決めるなど、全体の長さを考えて調整
する。

22

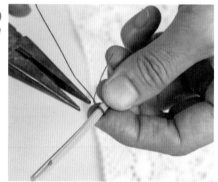

1本で引っ掛けるときは、掛かりやすい
ようにワイヤーを使う。茎にワイヤーを
2回巻いた後、根元をねじりとめる。

23

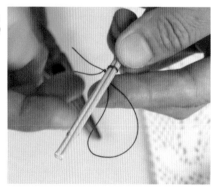

ワイヤーで引っ掛けるための輪をつく
り、先端をねじりとめる。

24

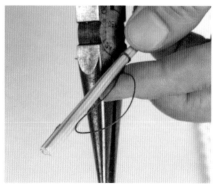

ワイヤーの不要な部分をペンチでカット
し、出っ張りをつぶしておく。ワイヤー
で手を傷つけないように注意。

クギにすべての素材を引っ掛けて完成

25

2本の場合は麻紐を使う。麻紐の方がワイヤーよりも植物との相性が良い。2回巻いた後、指でギュッとなじませながらしばる。

26

掛ける部分のループをつくる。麻紐はすべりにくく、植物に引っ掛かりなじみやすい。

27

植物にループをつけたら、クギに引っ掛けてみる。

28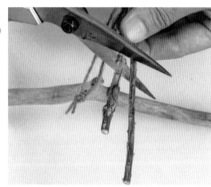

長さが気になるときはカットして調整する。

29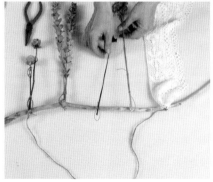

最後に全体のレイアウトを確かめながら、ループをクギに掛けていく。

30

流木ハンガーの作品が完成。その日の気分に合わせて掛けるものや位置を変える。クギに掛けるだけなので、入れ替えも簡単にできる。

Point +α

紫陽花のドライフラワー
ブーケやそのまま花瓶にさしても絵になる

生花とは違う美しさを魅せる紫陽花のドライフラワー

　梅雨の頃に咲く紫陽花はとても瑞々しく輝いていて、ドライフラワーの花材としても人気があります。しかし、梅雨の時期は上手くドライフラワーになりません。日本に昔からある紫陽花は水分が多く、ドライフラワーには適さないのです。

　梅雨から夏の時期を木陰や涼しい場所で咲き続けた紫陽花だけが、少しずつ水分が抜けて自然にドライフラワーになります。これが「立ち枯れ紫陽花」です。乾燥して出来上がったものは、梅雨の頃の紫陽花より深みのある美しい色になります。生花としての紫陽花は梅雨の花ですが、ドライフラワーとしての紫陽花は晩夏の花なのです。

瑞々しさを感じる生花の
紫陽花。

ドライになると深みのあ
る色合いが出てくる。

ブーケのアレンジでエレガントな紫陽
花。

PART 4

もっと
楽しみたい！
ドライフラワー

Point 15 香りを包んで 生活雑貨として使う

小ぶりなサシェはクローゼットに入れたり、バッグにひそませて。実用的な生活雑貨として様々な用途に使える。

飾りとしての役割から実用雑貨へチェンジ

飾って楽しんでいたドライフラワーのアレンジメントは、少しずつ光があたったり湿気を含むことで色あせて退色してきます。飾りとして見栄えが悪くなったら形を変えてリユースしましょう。香りのあるハーブ（草花）は細かくして布に包めばサシェ（香り袋）に。虫が苦手な匂いを持つハーブであれば防虫効果もあるので防虫剤にもなります。材料の種類や配合は自分の好みでOK。茎の部分は使わず、花や葉の柔らかい部分だけを使います。

布は作りたいサシェの大きさに合わせて用意します。着古したブラウスやカーテンなどを布切りバサミで四角に切り、ほつれもそのままで使えば味わいのある袋に変身します。

サシェに入れるハーブを選ぶ

1

材料はユーカリポポラス、ローリエ、レモンユーカリ、フジバカマ。ハーブを細かくするときの器（ざる等）、包む布とアンティークレース。

2

ユーカリポポラスは、最初は緑が濃く出る（写真左）が、時間の経過とともに色があせる（写真右）のでリユースへ。ユーカリは香りと防虫効果あり。

3

月桂樹ともいわれるローリエは、虫の苦手な匂いがあるので防虫効果に適している。ハーブの中に数枚入れておくと効果的。

4

レモンユーカリも香りと防虫効果がある。レモンの芳香があり、ユーカリのなかでも香りが際立つ種類。

5

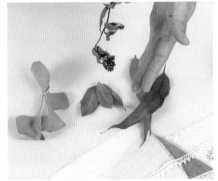

フジバカマは香り効果。秋の七草の一種で上品なさくら餅のような香り。万葉の頃に和服にまとい香りづけしていたといわれる。外来種のフジバカマは香りが弱い。

6

ハーブを細かくするときは、ハサミで切るよりも手でちぎり、もむようにこすり合わせて小さくしていく。この方が香りがよく出てくる。

細かくしたハーブを布に包みこむ

7

ハーブはある程度細かくなれば OK。香りの具合で材料を足してみるなど、自分の感覚で入れる内容を考えながら仕上げていく。

8

材料を包む布はさらしや綿、リネンなど手触りが良いものを選ぶと使い心地もアップ。通気性の良い麻やガーゼも香りを通すので適している。

9

布の中に細かくしたハーブを入れる。入れる分量は多すぎず少なすぎず適度な量を。包んで端を紐で結べる程度の余白があることを目安にする。

10

布の角と角を合わせて包んでいく。ハーブがこぼれ落ちないように気をつけながら包み込む作業をしていく。

11

角を合わせて包みこんだら紐でしばる位置を確認。今回は模様がアクセントのアンティークレースを使用。自分好みの紐を選んでみる。

12

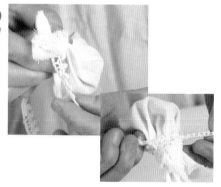

口が閉じた布を押さえながらアンティークレースをぐるりと一周させ、結んで留めれば完成。お菓子のリボンなど工夫次第でオリジナル度がアップ。

Point 16

ハーブエキスが入った ローションを手づくり

使用する際は事前に皮膚の反応を確認。アレルギー反応などが表れる場合は使用を控えましょう。

ハーブとアルコール飲料だけでつくるローション

　薬効があるともいわれるハーブを飲料のホワイトリカーに漬けてつくる化粧水。

　ハーブは花の部分だけカットして使い、茎の部分は使いません。透明のビンにバランスよく配置して入れれば、見て楽しむ面白さも味わえます。ハーブを入れてホワイトリカーを注いだら常温で一

週間。しばらくすると、ハーブのエキスが抽出されホワイトリカーの色が透明からあめ色に変化していきます。使うハーブは自分の好みに合わせて好きなもの数種類を選んで入れます。ローズマリーやどくだみ、ユーカリなども人気。使用するときは、器から茶こしなどで化粧水を取り出します。

器に入れるハーブの花の部分をカットする

1

材料はエキナセア、野バラの実、ベルガモット、ヤロウ。ホワイトリカー、器（ガラスビン、ペットボトルなど）。

2

エキナセアの花の部分をカット。エキナセアは古くから治療薬に使われ、免疫アップに関わるハーブ。

3

花の根元を持ちながら丁寧にビンの中に入れていく。外からの見栄えも大切になるので、ピンセットや箸を使って置き場所を考えながら入れる。

4

野ばらの実を茎から切り離す。野バラの実はローズヒップとも言われ、ビタミンCがたっぷり入っているハーブ。

5

エキナセアとの並びや後から入れるハーブとのバランスも考えながら入れていく。

6

ベルガモットも茎からカットする。リラックスする柑橘系の香りが特徴的でアロマオイルに使われることが多いハーブ。

カットしたハーブをビンの中に入れる

7

ベルガモットが下を向かないでキレイに重なるようにしながら、ピンセットで配置を考えてアレンジする。

8

ヤロウも花の部分をカットする。白くて小さな花が印象的なヤロウはさわやかな甘い香りが漂うハーブ。その成分には皮膚をキレイにする効能があるといわれる。

9

ヤロウをピンセットで優しく丁寧に扱いながら入れる。ハーブを入れる分量は好みで調整。よりハーブを楽しみたい場合は多く入れる。

10

ホワイトリカーをすべてのハーブがしっかりと浸るまで注ぎ入れる。注ぐときは、ゆっくりとアレンジしたハーブの配置が崩れないように気をつける。

11

ハーブの量を多く入れると、入れた分だけハーブが持つエキスがホワイトリカーに抽出される。

12

フタをして密閉。フタがなければラップで覆ってもOK。常温で一週間程度おいてハーブのエキスが抽出されてから使用。それまでは観賞して楽しむ。

Point 17 オリジナルアレンジの ヒントを見つける

ここで紹介している花材リストの分類
は、アレンジの参考になるイメージ的
な要素で分けています。

草花たちのプロフィールを確認しよう

アレンジをするときに花材選びはとても重要です。種類がたくさんある草花の中から自分のイメージに合うものを探すためには、花や実、葉の形や色、全体の形状などからアレンジのヒントを見つけるのがポイント。花材リストでは62の花材を4つのジャンルに分けて紹介しています。頭から一通り見ていく、またはP111のインデックスを使って花材の名前で探してみるもの良いでしょう。

花材リストは英語名や学名の表記と植物の分類、主な原産地（原産国）、主な開花期（目安）を記載しています。植物の分類やその特徴を知ることで、花材自体の持つ魅力を理解できます。また、主な原産地から湿気や乾燥に強い弱いなど、植物の適切な生育環境がわかりお手入れをするときに役立つでしょう。

STEP 1

アンティークレースのような花たち
（P96 から）

　主役を支えるサポート的な植物になります。小花や球状の花、ふんわりした羽毛のような綿、曲線のきいた形状などアレンジにしたとき背景を出したり、イメージを作ったり装飾的な役割をします。色味はインパクトを出さない白系が多いです。脇役的な存在ですが、レースのように周りを引き立てる自然な風合いを出します。

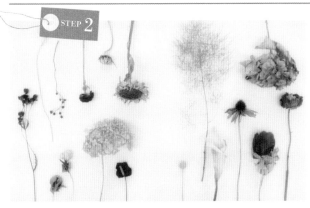

STEP 2

光と風の中で輝く花たち
（P100 から）

　アレンジの主役になる植物です。庭や花畑に咲いていれば、一番に目をひくライトアップされているような存在。作品作りの中心になるポジションで、色味があり主張した形のものが多いです。アレンジで最初に考える花材になり、春はバラ、夏はヒマワリといった季節で決める他、自分の好きな花から選んでみるもの良いでしょう。

STEP 3

古くから慕われる和の花たち
（P104 から）

　お盆やお正月、お花見やお月見といった日本の文化的行事で使われる植物です。和のテイストを感じるアレンジには欠かせない花材で、日本の風景を作る感覚でアレンジします。飾っておくだけで日本の四季に触れることができます。生花店で販売していないことも多いので、トレッキングや散策で見つけてみるのも良いでしょう。

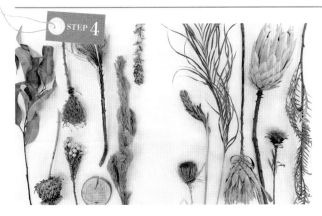

STEP 4

個性的なワイルドフラワーたち
（P107 から）

　南半球原産が多く、今までの生活にはなかった馴染みのない形状が特徴の植物です。和のテイストとは違った感覚があり、個性的で面白みのある形を楽しむ花材。近年海外から輸入されるようになり、人気が出てきました。過酷な生育環境を生き抜いた強い植物なので、アレンジに取り入れると力強く元気が出る作品に仕上がります。

スプレーバラ・エクレール
Miniature rose

DATA・・・・・・・・・・・・
学　名：Rosa hybrids
分　類：バラ科バラ属
原産地：北半球
開花期：春、秋

花材コメント
清楚な華やかさがあり
グリーン感覚で使えます。

アメジストセージ
Amethyst sage

DATA・・・・・・・・・・・・
学　名：Salvia leucantha
別　名：サルビア
分　類：シソ科サルビア属
開花期：秋
原産地：中南米

花材コメント
シルバーリーフとしても
使えます。
ガクはベルベットのようです。

レースフラワー
Queen anne's Lace

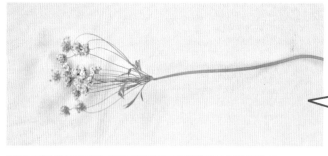

DATA・・・・・・・・・・・・
学　名：Ammi majus
別　名：ドクゼリモドキ
分　類：セリ科・ドクゼリモドキ属
開花期：春から夏
原産地：地中海沿岸から西アジア

花材コメント
レースのように繊細で
美しい花です。柔らかい
雰囲気が周りと調和します。

綿花
Cotton

DATA・・・・・・・・・・・・
学　名：Gossypium hirsutum L.
別　名：コットンボール
分　類：アオイ科ワタ属
開花期：夏
原産地：西アジア

花材コメント
コットンボールとも呼ばれ
季節を問わず
フワッと使えます。

アストランティア・マヨール
Astrantia Major

DATA・・・・・・・・・・
学　名：Astrantia major
別　名：マスターウォート
分　類：セリ科アストランティア属
開花期：春から夏
原産地：ヨーロッパ

花材コメント

綺麗にドライになります。
野趣あふれる花です。

ニラバナの種
Allium tuberosum

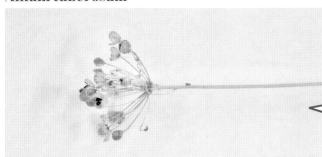

DATA・・・・・・・・・・
学名：Allium tuberosum
分類：ヒガンバナ科ネギ属
開花期：夏から秋
原産地：中国

花材コメント

花のように開く
チャーミングな種。
小瓶に一本挿すだけでも
雰囲気が出ます。

コットンブッシュ
Cotton bush

DATA・・・・・・・・・・
学　名：Cryptandra scortechinii
別　名：コットンフィリカ
分　類：クロウメモドキ科
　　　　フィリカ属
開花期：夏から秋
原産地：南アフリカ

花材コメント

ふわっとした小さな白い花が
たくさんつきます。

エーデルワイス
Edelweiss

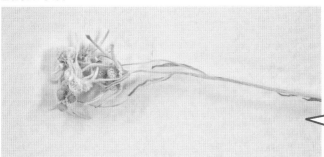

DATA・・・・・・・・・・
学　名：Leontopodium alpinum
別　名：西洋薄雪草
　　　　（セイヨウウスユキソウ）
分　類：キク科ウスユキソウ属
開花期：春
原産地：ユーラシア大陸 高山地帯

花材コメント

アルプスの花で
綿毛にくるまれた
星の形をした花です。

流木
Driftwood

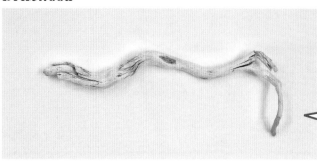

DATA・・・・・・・・・
河川へ自然と流れ込み河岸に到達した樹木や、川から海へ流れていき漂着物として海岸にて打ち上げられた樹木。

花材コメント
深みのあるホワイトには
ノスタルジックな
雰囲気があります。

チガヤ
cogongrass

DATA・・・・・・・・・
学　名：Imperata cylindrica L.
別　名：チバナ、ツバナ
分　類：イネ科チガヤ属
開花期：初夏
原産地：アジア

花材コメント
紫がかった白い綿毛が
エレガントな雰囲気です。

南京ハゼの実
Popcorn tree

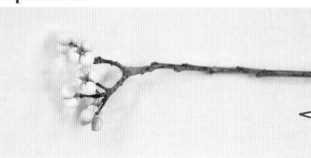

DATA・・・・・・・・・
学名：Triadica sebifera
別　名：トウハゼ
分　類：トウダイグサ科ナンキンハゼ属
開花期：初夏
原産地：中国

花材コメント
紅葉が終わる頃に実が熟し、
黒い殻がはずれると白い種子
が表れます。真っ白な南京ハ
ゼの実は雪のように見えます。

ラムズテイル
Lamb's tail bush

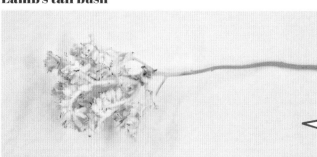

DATA・・・・・・・・・
学　名：Lanariaceae
別　名：ラナリア
分　類：ラナリア科
開花期：春
原産地：アフリカ、オーストラリア

花材コメント
ふわふわな白い花が
マシュマロのようです。

ラグラス
Hare's Tail Grass

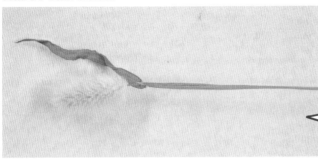

DATA・・・・・・・・・・・・・・・

学　名：Lagurus ovatus
別　名：ウサギのしっぽ
分　類：イネ科ラグラス属
開花期：春から初夏
原産地：地中海沿岸

> 花材コメント
> バニーテール
> （ウサギのしっぽ）
> とも呼ばれます。

シンカルファ・カップブルーメン
Syncarpha Cupbluemen

DATA・・・・・・・・・・・・・・・

学　名：Syncarpha Cupbluemen
分　類：キク科シンカルファ属
原産地：アフリカ

> 花材コメント
> 真っ白な花で、
> カサカサした質感が
> エレガントです。

スカビオサの実・ステルンクーゲル
Sweet Scabious

DATA・・・・・・・・・・・・・・・

学　名：Scabiosa stellata
別　名：マツムシソウ
分　類：マツムシソウ科
　　　　マツムシソウ属
開花期：春から初夏
原産地：ユーラシア大陸、アフリカ

> 花材コメント
> 小さな星の様な形の
> 花が集まって
> 球体になっています。

スモークブッシュ
Smokebush

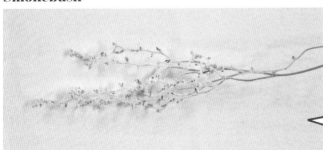

DATA・・・・・・・・・・・・・・・

学　名：Conospermum stoechadis
別　名：コノスペルマム
分　類：ヤマモガシ科
　　　　コノスペルマム属
開花期：春
原産地：オーストラリア

> 花材コメント
> 真っ白く輝いて見える花で
> レースや雪に見立てて。

パンパスグラス
Pampas grass

DATA・・・・・・・・・・・・・・
学　名：Cortaderia selloana
別　名：シロガネヨシ
分　類：イネ科コルタデリア属
開花期：秋
原産地：南米

花材コメント
白くてボリュームのある
ふんわり感が人気です。

光と風の中で輝く花たち

アストランティア・ローマ
Astrantia Roma

DATA・・・・・・・・・・・・・・
学　名：Astrantia major roma
別　名：グレート・マスターワート
分　類：セリ科アストランティア属
開花期：春から夏
原産地：ヨーロッパ

花材コメント
綺麗なドライになります。
素朴な雰囲気が魅力です。

ニゲラの実
Nigella

DATA・・・・・・・・・・・・・・
学　名：Nigella damascena
別　名：クロタネソウ
分　類：キンポウゲ科
　　　　クロタネソウ属
開花期：春から初夏
原産地：地中海沿岸、西アジア

花材コメント
キャンディーのような実で
ポンポンと立ち上がる様が
可愛いです。

野ばらの実
Wild rose

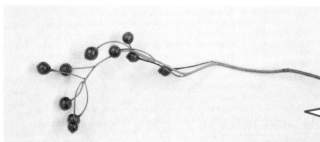

DATA・・・・・・・・・・・・・・
学　名：Rosa multiflora
別　名：ノイバラ
分　類：バラ科バラ属
開花期：春
原産地：日本

花材コメント
真っ赤に色づいた実に
豊かさを感じます。

ドライフラワーにする花材を知る

クリスマスローズ
Christmas rose

DATA・・・・・・・・・・・・・
学　名：Helleborus
別　名：ヘレボルス
分　類：キンポウゲ科
　　　　クリスマスローズ属
開花期：冬
原産地：ヨーロッパ

花材コメント
綺麗なドライになります
フリルのような花が可憐です。

ケイトウ
Cockscomb

DATA・・・・・・・・・・・・・
学　名：Celosia argentea
別　名：ケイカンカ
分　類：ヒユ科ケイトウ属
開花期：夏から秋
原産地：アジア

花材コメント
花房がビロードのようです。
情熱的な花で
存在感があります。

ひまわり
Sunflower

花材コメント
乾くととても
小さくなりますが
元気をもらえる花です。

DATA・・・・・・・・・・・・・・・・
学　名：Helianthus annuus
別　名：ニチリンソウ
分　類：キク科ヒマワリ属
開花期：夏
原産地：アメリカ

アナベル
Annabelle

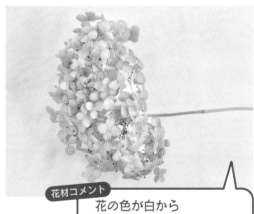

花材コメント
花の色が白から
グリーンへと変わります。
立ち枯れるまで待ちます。

DATA・・・・・・・・・・・・・・・・
学　名：Hydrangea arborescens
別　名：西洋アジサイ
分　類：アジサイ科アジサイ属
開花期：初夏
原産地：アメリカ

アンスリウム
Anthurium

DATA・・・・・・・・・・・・
学　名：Anthurium
別　名：オオベニウチワ
分　類：サトイモ科アンスリウム属
開花期：初夏から初秋
原産地：南米

花材コメント

ゆっくりと
時間をかけて乾いた花には
風格があります。

スモークツリー
Smoke tree

DATA・・・・・・・・・・・・
学　名：Cotinus coggygria
別　名：ハグマノキ
分　類：ウルシ科ハグマノキ属
開花期：夏
原産地：ヨーロッパ

花材コメント

ふわふわな綿あめのような
花が人気です。

クラスペディア・グロボーサ
Craspedia globosa

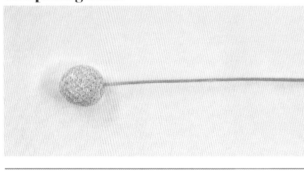

DATA・・・・・・・・・・・・
学　名：Craspedia globosa
別　名：ゴールドスティック
分　類：キク科クラスペディア属
開花期：夏
原産地：オーストラリア

花材コメント

黄色い
キャンディーのような花で
ポンポンと飛び出す様が
可愛いです。

カラー
calla

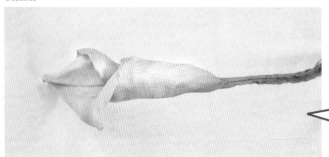

DATA・・・・・・・・・・・・
学　名：Zantedeschia aethiopica
別　名：オランダカイウ
分　類：サトイモ科オランダカイウ属
開花期：初夏から夏
原産地：南アフリカ

花材コメント

ゆっくり
時間をかけて乾かします。
ウェーブが個性的な
ドライフラワーです。

エキナセア
Echinacea

DATA・・・・・・・・・・・
学　名：Echinacea purpurea
別　名：ムラサキバレンギク
分　類：キク科ムラサキバレンギク属
開花期：初夏から初秋
原産地：アメリカ

花材コメント

素朴な雰囲気のハーブで
薬効があります。

芍薬
Peony

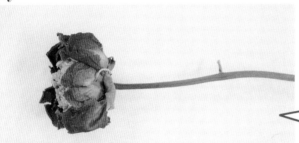

DATA・・・・・・・・・・・
学　名：Paeonia lactiflora
別　名：カオヨグサ
分　類：ボタン科ボタン属
開花期：初夏
原産地：中国北部

花材コメント

綺麗なドライになり
花の種類が豊富です。

立ち枯れ紫陽花
Withered Hydrangea

花材コメント

晩夏までゆっくり待つと
色に深みが出てきます。

DATA・・・・・・・・・・・・・・・・・
学　名：Hydrangea macrophylla
別　名：ガクアジサイ
分　類：アジサイ科アジサイ属
開花期：初夏
原産地：日本

牡丹
Peony

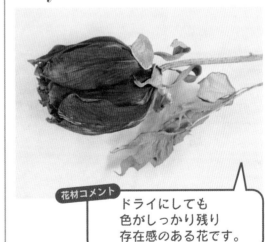

花材コメント

ドライにしても
色がしっかり残り
存在感のある花です。

DATA・・・・・・・・・・・・・・・・
学　名：Paeonia suffruticosa
別　名：富貴草
分　類：ボタン科ボタン属
開花期：春から初夏
原産地：中国

梔子（クチナシ）の実
gardenia

DATA・・・・・・・・・・・・・・
学　名：Gardenia jasminoides
別　名：山梔子（さんしし）
分　類：アカネ科クチナシ属
開花期：初夏
原産地：東アジア

花材コメント
オレンジ色の可愛い実で染料にも使われます。

ヨウシュヤマゴボウの実
American pokeweed

DATA・・・・・・・・・・・・・・
学　名：Phytolacca americana
別　名：アメリカヤマゴボウ
分　類：ヤマゴボウ科ヤマゴボウ属
開花期：初夏から夏
原産地：北アメリカ

花材コメント
房になった実がたわわに実ると豊かさを感じます。

檜扇の実
Iris Domestica

DATA・・・・・・・・・・・・・・
学　名：Belamcanda chinensis
別　名：カラスオウギ
分　類：アヤメ科ヒオウギ属
開花期：夏
原産地：東アジア

花材コメント
さやからポンと飛び出した漆黒の実が魅力的です。

吾亦紅（ワレモコウ）
Burnet

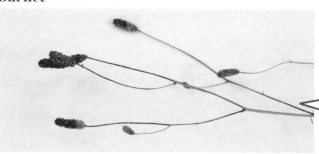

DATA・・・・・・・・・・・・・・
学　名：Sanguisorba officinalis
分　類：バラ科ワレモコウ属
開花期：秋
原産地：ユーラシア大陸

花材コメント
秋の風に揺れる様が健気で素朴です。「われもこうありたい」と言う思いを込めて名付けられたとも言われます。

高砂百合の実
Formosa Lily

DATA・・・・・・・・・・・
学　名：Lilium formosanum
別　名：タイワンユリ
分　類：ユリ科ユリ属多年草
開花期：夏
原産地：台湾

花材コメント
花のように見えて
シャープな形が綺麗です。

椿の実
Camellia

DATA・・・・・・・・・・・
学　名：Camellia japonica
別　名：カメリヤ
分　類：ツバキ科ツバキ属
開花期：春
原産地：日本

花材コメント
クッキーのように
キュートなさやで、
リースに入れると楽しいです。

千日紅
Globe Amaranth

花材コメント
色が豊富で紅色が千日続くと
言われています。

DATA・・・・・・・・・・・
学　名：Gomphrena globosa
別　名：センニチソウ
分　類：ヒユ科センニチコウ属
開花期：夏
原産地：アジアやアメリカの熱帯地域

藤袴（フジバカマ）
Thoroughwort

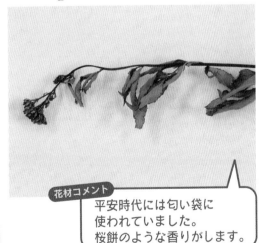

花材コメント
平安時代には匂い袋に
使われていました。
桜餅のような香りがします。

DATA・・・・・・・・・・・
学　名：Eupatorium japonicum
別　名：蘭草（ランソウ）
分　類：キク科ヒヨドリバナ属
開花期：夏
原産地：日本

アワ
Millet

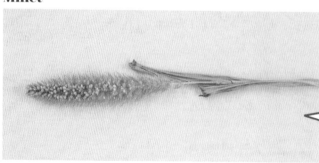

DATA・・・・・・・・・・・・・
学　名：Setaria italica
分　類：イネ科エノコログサ属
開花期：夏
原産地：東南アジア

花材コメント

五穀のひとつで
豊かさを感じる花材です。

鬼灯（ホオズキ）
Chinese lantern plant

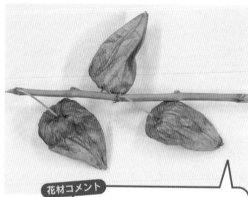

花材コメント

鮮やかなオレンジが
魅力的で提灯のようです。

DATA・・・・・・・・・・・・・・・・
学　名：Physalis pruinosa L.
分　類：ナス科ホオズキ属
開花期：初夏から夏
原産地：東アジア

桐の実
Paulownia

花材コメント

鈴の様な形をし、
渋みのある色が魅力です。

DATA・・・・・・・・・・・・・・
学　名：Paulownia tomentosa
分　類：キリ科キリ属
開花期：初夏
原産地：中国

ススキ
Pampas grass

DATA・・・・・・・・・・・・・
学　名：Miscanthus sinensis
別　名：尾花
分　類：イネ科ススキ属
開花期：秋
原産地：日本

花材コメント

秋風に揺れる姿そのままを
花飾りに閉じ込めます。

蓮の実
Lotus

DATA・・・・・・・・・・・・・
学　名：Nelumbo nucifera
別　名：ハチス
分　類：ハス科ハス属
開花期：夏
原産地：熱帯から温帯アジア

花材コメント
蓮の実は深くて渋い濃茶色で
畏れにも似た
存在感があります。

シャクナゲの実
Rhododendron

花材コメント
小さな花が集まった様な
愛らしい実です。

DATA・・・・・・・・・・・・・・・
学　名：Rhododendron spp.
分　類：ツツジ科ツツジ属
開花期：春から初夏
原産地：北半球

カラスウリ
Snake Gourd

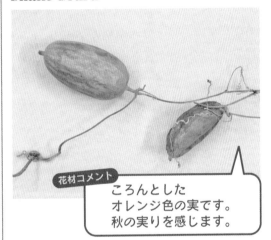

花材コメント
ころんとした
オレンジ色の実です。
秋の実りを感じます。

DATA・・・・・・・・・・・・・・
学　名：Trichosanthes cucumeroides
別　名：タマズサ
分　類：ウリ科カラスウリ属
開花期：夏
原産地：日本、中国

個性的なワイルドフラワーたち

レモンユーカリ
lemon eucalyptus

DATA・・・・・・・・・・・
学　名：Eucalyptus Citriodora
分　類：フトモモ科ユーカリ属
開花期：春から夏
原産地：オーストラリア

花材コメント
レモンの香りが強いです。
ドライになると
葉がクルクル巻きます。

アーティチョーク
Artichoke

DATA・・・・・・・・・・・・
学　名：Cynara scolymus L.
別　名：チョウセンアザミ
分　類：キク科チョウセンアザミ属
開花期：初夏から夏
原産地：地中海沿岸北部

花材コメント
強さの中にある
個性が魅力です。

ピンクッション
Pincushion

DATA・・・・・・・・・・・・
学　名：Leucospermum spp
別　名：レウコスペルマム
分　類：ヤマモガシ科
　　　　レウコスペルマム属
開花期：春
原産地：南アフリカ

花材コメント
針山に似ているから
この名前です。
華やかにも添え花にも
使えます。

シルバーブルニア
Red Coffeebush

DATA・・・・・・・・・・・・
学　名：Brunia
分　類：ブルニア科ブルニア属
開花期：春
原産地：南アフリカ

花材コメント
ポンポンと
まるくて白いボールが
愛らしいです。

ウーリーブッシュ
Woolly Bush

DATA・・・・・・・・・・・・
学　名：Adenanthos sericeus
別　名：アデナントスウーリーブッシュ
分　類：ヤマモガシ科
　　　　アデナントス属
原産地：オーストラリア

花材コメント
もふもふとした姿が
柔らかい印象です。

ドライフラワーにする花材を知る

バンクシア
Banksia

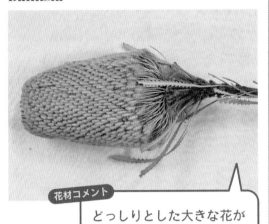

> 花材コメント
>
> どっしりとした大きな花が
> ユニークです。

DATA・・・・・・・・・・・・・・・・・・

学　名：Banksia
分　類：ヤマモガシ科バンクシア属
開花期：夏から冬
原産地：オーストラリア

ユーカリの木
Eucalyptus

> 花材コメント
>
> 写真は木の幹を
> スライスしたものに
> 英字スタンプを押しました。

DATA・・・・・・・・・・・・・・・・・・

学　名：Eucalyptus Melliodora
分　類：フトモモ科ユーカリ属
開花期：春や秋等種類により異なる
原産地：オーストラリア

パラノムス
Paranomus

DATA・・・・・・・・・・・・・

学　名：Paranomus
分　類：ヤマモガシ科パラノムス属
開花期：春
原産地：南アフリカ

> 花材コメント
>
> 白い雪がのったような
> 硬質な雰囲気が魅力です。

ドライアンドラ
Dryandra

DATA・・・・・・・・・・・・・

学　名：Dryandra
分　類：ヤマモガシ科
　　　　ドライアンドラ属
開花期：春
原産地：オーストラリア

> 花材コメント
>
> ゴールドが眩しい花です。
> 主張しすぎず、調和します。

ジンジャー
Ginger

DATA・・・・・・・・・・・・・
学　名：Hedychium coronarium
別　名：シュクシャ
分　類：ショウガ科ヘディキウム属
開花期：夏から秋
原産地：インドから東南アジア

花材コメント

硬質な形が魅力で
個性的な花です。

アレカヤシ
Areca palm

DATA・・・・・・・・・・・・・
学　名：Dypsis lutescens
別　名：コガネタケヤシ
分　類：ヤシ科ヒメタケヤシ属
開花期：春
原産地：マダガスカル島、
　　　　アフリカ等

花材コメント

さわさわと風を感じる様に
使えます。

プロテアカーニバル
Protea Carnival

DATA・・・・・・・・・・・・・
学　名：Protea
分　類：ヤマモガシ科
　　　　リューコスパーマム属
開花期：春から秋
原産地：南アフリカ、
　　　　オーストラリア

花材コメント

ふわふわとした
やさしいピンクが魅力です。

キングプロテア
King Protea

DATA・・・・・・・・・・・・・
学　名：Protea cynaroides
分　類：ヤマモガシ科プロテア属
開花期：春から秋
原産地：南アフリカ

花材コメント

プロテアの王様
どっしりとした風格が
あります。

プルモーサム

Plumosum

DATA ・・・・・・・・・・・
学　名：Leucadendron
　　　　リューカデンドロンの一種
分　類：ヤマモガシ科
　　　　リューカデンドロン属
開花期：秋
原産地：南アフリカ

花材コメント

開くと星型のガクの中から
ふわふわとした綿毛が
出てきます。

グレビレアアイバンホー

Ivanhoe

DATA ・・・・・・・・・・・
学　名：Grevillea Ivanhoe
分　類：ヤマモガシ科グレビレア属
開花期：春から秋
原産地：オーストラリア

花材コメント

トゲトゲした葉が
クルクルと巻く様子が
人気です。

花材リストインデックス

監修者 小林みどり
ドライフラワー工房 yurari

　自宅や自家農園で栽培した草花、市場で仕入れる生花で手づくりのドライフラワーに仕上げている。ドライフラワーにするときは、花の咲き具合を見て、その花の一番きれいな時に加工するなど、細やかで丁寧な製作。アイデアや工夫のあるアレンジにも定評があり、その作品にはファンが多い。

　自宅の工房兼店舗では、ドライフラワーアレンジメントの受注製作および花材の販売を行っている。近年は自家農園で花や野菜の栽培をスタートし、土づくりから採集までできるだけ自然に合わせた畑づくりを目指している。

HP: https://kobadwa.wixsite.com/yurari/home
Instagram : @midori_yurari
工房 / 店舗 大阪府吹田市千里山西 4 丁目 -33-31

身近な植物を活かす　はじめてのドライフラワー
仕立て方の基礎と暮らしに寄り添うアレンジメント

2024 年　2 月 10 日　第 1 版・第 1 刷発行

監修者　小林　みどり　（こばやし　みどり）
発行者　株式会社メイツユニバーサルコンテンツ
　　　　代表者　大羽孝志
　　　　〒 102-0093 東京都千代田区平河町一丁目 1-8
印　刷　シナノ印刷株式会社

ご意見・ご感想はホームページから承っております
ウェブサイト　https://www.mates-publishing.co.jp/

企画担当：清岡香奈